김대리의 취향 니트

My favorite knitwear

쉽게 뜨고 핏하게 입는 탑다운 뜨개 10
김대리의 취향 니트

바늘이야기 김대리 지음

웅진 리빙하우스

Prologue

적당히 쉬우면서 재미있게 완성할 수 있는 도안이 제 취향입니다. 너무 쉽기만 하면 밋밋한 결과물에 재미를 잃을 수 있고, 어렵고 복잡한 기법이 많으면 재미있게 뜨다가도 중간에 질려버리기 마련이죠. 저는 뜨개를 시작하며 여러분들과 모든 시기를 함께 했어요. 초보자와 중수, 제 취향의 도안을 만들어내는 지금의 시기까지. 그렇게 모든 시기를 거쳐 지금의 김대리의 취향이 만들어졌습니다. 하지만 이 책은 제 취향만을 담지 않았습니다. 여러분들의 다양한 시기마다 알맞게 즐길 수 있는 도안을 나누고자 만들었어요.

갓 초보 딱지를 뗀 분이라면 한 단계 더 올라갈 수 있는 무늬 도안이 필요하겠고, 어려운 작품을 섭렵하고 잠시 쉬고 싶은 분이라면 생각 없이 뜰 수 있는 무한 메리야스 도안을 찾을 거예요. 다양한 단계의 수준에 있는 분들의 뜨개 욕구를 충족할 작품을 두루 담았습니다.

무엇보다 제가 좋아하는, 적당히 쉬우면서 끝까지 재미있게 완성할 수 있는 열 가지 작품을 선별했어요. 모두가 더 수월하게 완성할 수 있도록 탑다운 방식만으로 도안을 만들었다는 것 또한 제 취향이라 할 수 있습니다.

✻ 기성복 같은 두툼한 숄칼라 카디건을 떠보고 싶었다면 **플랫 베리 숄칼라 카디건**을 만들어보세요.

✻ 여름에도 뜨개를 하고 싶다면 **스퀘어넥 플레어 티**를 만들어보세요.

✻ 꿰매는 게 두려워 코위찬을 시도해보지 못했다면 바느질 없이 칼라부터 완성되는 **코위찬 칼라 스웨터**를 만들어보세요.

✻ 탑다운에서도 바텀업 같은 소매산을 만들어보고 싶었다면 **밴쿠버 스웨터**를 만들어보세요.

✻ 어느 옷에나 잘 어울리고 사이즈 조절이 가능한 조끼를 찾는다면 **연희 베스트**를 만들어보세요.

✽ 무늬뜨기에 지쳤다면 무한 메리야스로 완성하는 **빙봉 스웨터**를 만들어보세요.

✽ 아란무늬 스웨터가 갖고 싶은데 바텀업이라 도전하지 못했다면 **플랫베리 스웨터**를 만들어보세요.

✽ 내일 여행 가는데 머리가 시리다면 2시간 안에 완성할 수 있는 **알파카 부클 비니**를 만들어보세요.

✽ 빠르게 완성품을 만나고 싶다면 1시간에 한 짝을 완성할 수 있는 **청키 탑다운 장갑**을 만들어보세요.

✽ 코위찬 뜨기에 도전하고 싶은데 배색이 싫다면 덧수로 완성하는 **알-파카 부클 코위찬 카디건**을 만들어보세요.

각각의 도안은 여러분의 작은 뜨개 고민을 해결하면서 다음 단계를 위한 좋은 초석이 될 거예요. 제 취향을 따라 1년 365일 동안 멈추지 말고 저와 함께 쉽고 재밌게 뜨개해요.

뜨개를 멈추지 마!

- 바늘이야기 김대리

Contents

PROLOGUE 004 | 이 책을 보는 방법 048 | 이 책에서 사용된 실 050

✕ Part 01 ✕
작품 만드는 법

플랫베리 숄칼라 카디건

054

스퀘어넥 플레어 티

086

코위찬 칼라 스웨터

098

밴쿠버 스웨터

114

연희 베스트

128

빙봉 스웨터

140

플랫베리 스웨터

154

알파카 부클 비니

174

청키 탑다운 손모아장갑

180

알-파카 부클 코위찬 카디건

184

Essay

난 엄마에게 뜨개를 배우지 않았다	080
뜨개 잘하는 방법	094
내 취향의 실	108
뜨개인과 비뜨개인	124
5학년, 만들기를 좋아하는 친구	136
0과 1로 만들어진 뜨개 세상	148
뜨개가 주는 안정감	176

✕ Part 02 ✕
뜨개가 더욱 쉬워지는 팁 모음

뜨개옷 세탁의 모든 것	198
콘티넨털 뜨기	202
매직 루프와 DPN	204
게이지 내기	208
도안 읽기	210

✕ Part 03 ✕
이 책에서 사용된 뜨개 기법들

코잡기	214
겉뜨기	216
안뜨기	217
덮어씌워 코막음	218
k2tog(코줄임)	219
ssk(코줄임)	220
kfb(겉뜨기 코늘림)	221
pfb(안뜨기 코늘림)	222
M1L	223
M1R	224
M1L(안)	225
M1R(안)	226
코에서 코줍기	227
단에서 코줍기	228
바늘비우기	229
1코 고무단 돗바늘 마무리	230
저먼 쇼트 로우(german short row)	231
주디스 매직 캐스트온(Judy's magic cast on)	232
그 외 기법들	233

Flatberry
Shawl Collar Cardigan

플랫베리 숄칼라 카디건

HOW TO MAKE
P.054

Square Neck Flare Tee

스퀘어넥 플레어 티

HOW TO MAKE
P.086

Cowichan Collar Sweater

코위찬 칼라 스웨터

HOW TO MAKE
P.098

Vancouver Sweater

밴쿠버 스웨터

HOW TO MAKE
P.114

Yeonhui Vest
연희 베스트

HOW TO MAKE
P.128

Bing Bong Sweater

빙봉 스웨터

HOW TO MAKE
P.140

Flatberry Sweater

플랫베리 스웨터

HOW TO MAKE
P.152

Alpaca boucle Beenie

알파카 부클 비니

HOW TO MAKE
P.172

Chunky Topdown Mitten

청키 탑다운 손모아장갑

HOW TO MAKE
P.180

Al-paca Boucle Cowichan Cardigan

알-파카 부클 코위찬 카디건

HOW TO MAKE
P.184

이 책을 보는 방법

화보 페이지를 보고 원하는 작품을 선택하세요.
화보 페이지에서는 뜨는 법 페이지를 확인하실 수 있어요.

재료와 게이지를 확인하고 뜨개를 준비해요.

도안의 모든 내용은 QR을 통해 확인할 수 있어요.

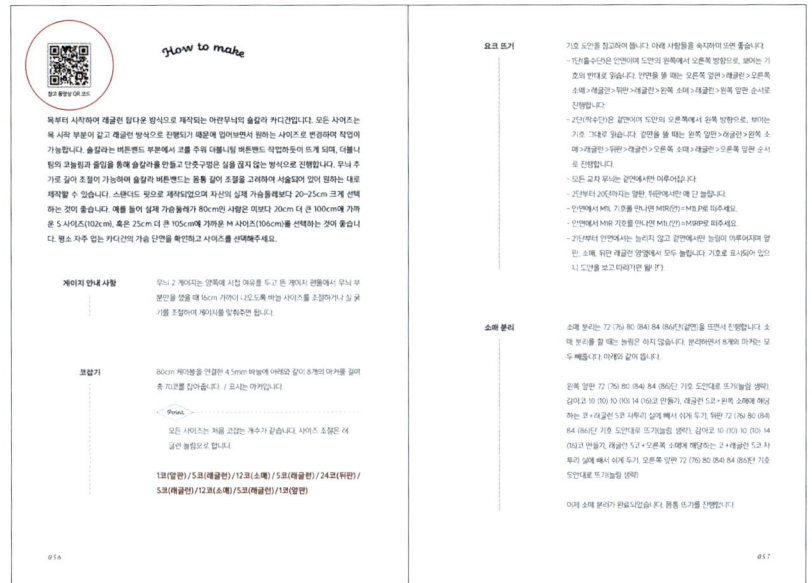

헷갈리는 기법을 만났을 때는 책 뒤쪽의 기법 페이지와 동영상 QR을 참고하세요.

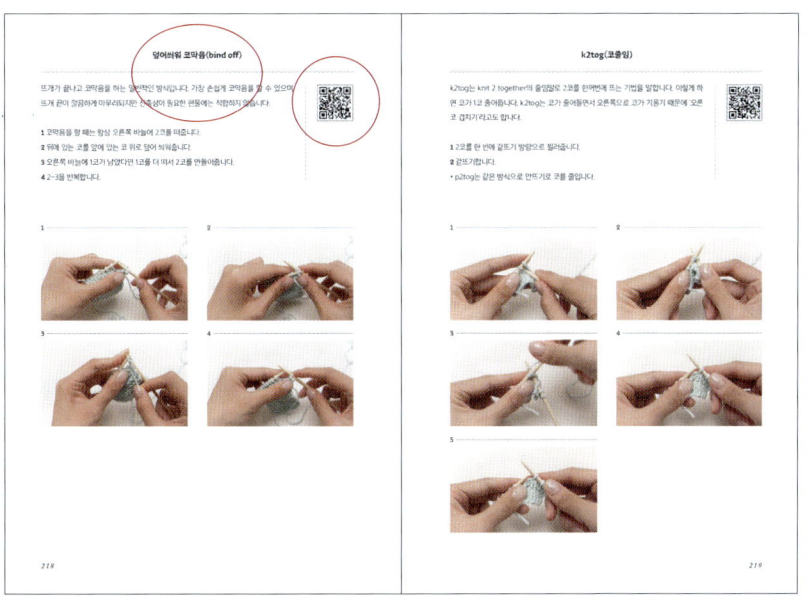

이 책에 사용된 실

01 울 아란(Wool Aran) (1볼/100g/180m)
아란무늬가 예쁘게 잘 나오는 클래식한 100% 슈퍼워시울

02 크렘캐시울(Creme Cashmere Wool) (1콘/260g/650m)
세탁 후 기모감이 뽀얗게 올라오는 캐시미어 5%, 호주산 엑스트라 슈퍼파인 메리노울 95% 함유 국내 생산 원사

03 테디울(Teddy Wool) (1볼/95g/125m)
목도리 뜨기 좋은 굵기의 실

04 피그먼트울(Pigment Wool) (1콘/260g/600m)
인상주의 회화의 색감에서 영감을 받은 크리미 색감의 콘사

05 아크린넨(Arclinen) (1볼/100g/285m)
린넨과 아크릴을 최적의 비율로 혼방하여 탄생한 시원한 소재의 실

06 울알코(Wool-Al-Co) (1콘/260g/286m)
100% 천연섬유로 굵은 모헤어 느낌의 콘사

07 패션아란(Fashion Aran) (1볼/400g/800m)
스웨터, 카디건 뜨기 좋은 짐승 용량의 가성비 실

08 하이랜드 알파카 부클(Highland Alpaca Boucle) (1볼/100g/80m)
페루 하이랜드에서 온 가볍고 따뜻한 알파카 부클사

My favorite knitwear

Part 01

작품 만드는 법

01
플랫베리 숄칼라 카디건

실	크렘캐시울(1콘/260g/650m) 3 (3) 3 (3) 3 (3)콘, 약 620 (640) 660 (680) 700 (720)g
바늘	4.5mm, 4mm(케이블 40, 80cm)
단추	뉴 거북이 단추 25mm 4개
게이지	19코 32단(4.5mm 바늘, 10×10cm 무늬 1[2코 멍석]) 42코 28단(4.5mm 바늘, 16×9cm 무늬 2[교차뜨기+다이아몬드 1무늬+교차뜨기])
사이즈	S (M) L (XL) 2XL (3XL)
가슴둘레	102 (106) 110 (113) 116 (120)cm
옷 길이	58 (58) 58 (58) 58 (58)cm (칼라 부분을 제외하고 뒷목 중심부터 쟀을 때)
샘플 사이즈	2XL

How to make

참고 동영상 QR 코드

목부터 시작하여 래글런 탑다운 방식으로 제작되는 아란무늬의 숄칼라 카디건입니다. 모든 사이즈는 목 시작 부분이 같고 래글런 방식으로 진행되기 때문에 입어보면서 원하는 사이즈로 변경하여 작업이 가능합니다. 숄칼라는 버튼밴드 부분에서 코를 주워 더블니팅 버튼밴드 작업하듯이 뜨게 되며, 더블니팅의 코늘림과 줄임을 통해 숄칼라를 만들고 단춧구멍은 실을 끊지 않는 방식으로 진행합니다. 무늬 추가로 길이 조절이 가능하며 숄칼라 버튼밴드는 몸통 길이 조절을 고려하여 서술되어 있어 원하는 대로 제작할 수 있습니다. 스탠더드 핏으로 제작되었으며 자신의 실제 가슴둘레보다 20~25cm 크게 선택하는 것이 좋습니다. 예를 들어 실제 가슴둘레가 80cm인 사람은 이보다 20cm 더 큰 100cm에 가까운 S 사이즈(102cm), 혹은 25cm 더 큰 105cm에 가까운 M 사이즈(106cm)를 선택하는 것이 좋습니다. 평소 자주 입는 카디건의 가슴 단면을 확인하고 사이즈를 선택해주세요.

게이지 안내 사항

무늬 2 게이지는 양쪽에 시접 여유를 두고 뜬 게이지 편물에서 무늬 부분만을 쟀을 때 16cm 가까이 나오도록 바늘 사이즈를 조절하거나 실 굵기를 조절하여 게이지를 맞춰주면 됩니다.

코잡기

80cm 케이블을 연결한 4.5mm 바늘에 아래와 같이 8개의 마커를 걸며 총 70코를 잡아줍니다. / 표시는 마커입니다.

모든 사이즈는 처음 코잡는 개수가 같습니다. 사이즈 조절은 래글런 늘림으로 합니다.

1코(앞판) / 5코(래글런) / 12코(소매) / 5코(래글런) / 24코(뒤판) / 5코(래글런) / 12코(소매) / 5코(래글런) / 1코(앞판)

요크 뜨기

기호 도안을 참고하여 뜹니다. 아래 사항들을 숙지하며 뜨면 좋습니다.

- 1단(홀수단)은 안면이며 도안의 왼쪽에서 오른쪽 방향으로, 보이는 기호의 반대로 읽습니다. 안면을 뜰 때는 오른쪽 앞판>래글런>오른쪽 소매>래글런>뒤판>래글런>왼쪽 소매>래글런>왼쪽 앞판 순서로 진행합니다.
- 2단(짝수단)은 겉면이며 도안의 오른쪽에서 왼쪽 방향으로, 보이는 기호 그대로 읽습니다. 겉면을 뜰 때는 왼쪽 앞판>래글런>왼쪽 소매>래글런>뒤판>래글런>오른쪽 소매>래글런>오른쪽 앞판 순서로 진행합니다.
- 모든 교차 무늬는 겉면에서만 이루어집니다.
- 2단부터 20단까지는 앞판, 뒤판에서만 매 단 늘립니다.
- 안면에서 M1L 기호를 만나면 M1R(안)=M1LP로 떠주세요.
- 안면에서 M1R 기호를 만나면 M1L(안)=M1RP로 떠주세요.
- 21단부터 안면에서는 늘리지 않고 겉면에서만 늘림이 이루어지며 앞판, 소매, 뒤판 래글런 양옆에서 모두 늘립니다. 기호로 표시되어 있으니 도안을 보고 따라가면 됩니다.

소매 분리

소매 분리는 72 (76) 80 (84) 84 (86)단(겉면)을 뜨면서 진행합니다. 소매 분리를 할 때는 늘림은 하지 않습니다. 분리하면서 8개의 마커는 모두 빼줍니다. 아래와 같이 뜹니다.

왼쪽 앞판 72 (76) 80 (84) 84 (86)단 기호 도안대로 뜨기(늘림 생략), 감아코 10 (10) 10 (10) 14 (16)코 만들기, 래글런 5코+왼쪽 소매에 해당하는 코+래글런 5코 자투리 실에 빼서 쉬게 두기, 뒤판 72 (76) 80 (84) 84 (86)단 기호 도안대로 뜨기(늘림 생략), 감아코 10 (10) 10 (10) 14 (16)코 만들기, 래글런 5코+오른쪽 소매에 해당하는 코+래글런 5코 자투리 실에 빼서 쉬게 두기, 오른쪽 앞판 72 (76) 80 (84) 84 (86)단 기호 도안대로 뜨기(늘림 생략)

이제 소매 분리가 완료되었습니다. 몸통 뜨기를 진행합니다.

몸통 뜨기, 주머니 분리하기

계속해서 무늬 패턴을 유지하면서 몸통을 떠줍니다. 감아코를 만들어준 부분도 2코 멍석 규칙을 유지하며 진행합니다. 주머니는 다이아몬드 교차 무늬 부분에서 만들어줄 건데, 네 번째 다이아몬드 무늬에서 주머니 분리를 진행합니다. 몸통의 길이를 늘리고 싶다면 다섯 번째, 여섯 번째 다이아몬드 무늬에서 주머니 분리를 진행해주면 됩니다. 겉면을 뜰 차례에 도안에 표시된 부분의 코(24코)는 뜨지 않고 자투리 실에 빼둔 다음, 감아코로 24코를 만들어줍니다. 그다음 단(안면)에서 무늬에 맞춰 뜨되 감아코로 만들어준 부분은 코를 줍기 쉽게 모두 겉뜨기로 떠서 지나갑니다. 다섯 번째 다이아몬드 무늬 혹은 원하는 길이까지 무늬에 맞춰서 몸통을 뜬 다음 고무단 뜨기를 진행합니다.

고무단 뜨기 (4mm 바늘)

몸통을 다섯 번째 다이아몬드 무늬 혹은 원하는 길이까지 떴으면 안면까지 뜨고 겉면에서부터 고무단을 시작합니다. 4mm 바늘로 바꾸어 안뜨기로 시작하는 1코 고무뜨기(안 1, 겉 1 반복)로 뜨되 마지막 코가 안뜨기로 끝나도록 끝에 2코를 한 번에 안뜨기로 뜹니다. 안면에서는 겉뜨기로 시작하여 겉뜨기로 끝나는 1코 고무뜨기, 겉면에서는 안뜨기로 시작하여 안뜨기로 끝나는 1코 고무뜨기로 총 19단(약 6cm)을 뜨고 1코 고무단 돗바늘 마무리로 코막음합니다.

소매 뜨기

40cm 케이블을 연결한 4.5mm 바늘에 쉬게 둔 소매 코를 끼우고 감아코를 만들어준 부분에서 5 (5) 5 (5) 7 (8)코를 줍고 시작 마커를 걸고 다시 나머지 5 (5) 5 (5) 7 (8)코를 주워줍니다. 소매는 겉면을 뜨지 않고 분리했기 때문에 이제 겉면(무늬단)을 뜰 차례이며, 원통뜨기로 뜨기 때문에 계속해서 겉면만 보고 작업합니다.

모든 무늬 부분 패턴을 유지하며 뜨되, 소매 첫 단에서 만나게 되는 래글런 5코 부분과 감아코를 만들어준 부분은 기호 도안을 참고하여 소매의 2코 멍석 부분에서 이어지는 무늬를 유지하며 진행합니다.

도안을 읽을 때는 계속해서 오른쪽에서 왼쪽 방향으로만 보면서 보이는 기호 그대로 읽습니다. 기호 도안대로 뜨며 고무단을 들어가기 전에 무늬 사이사이에서 줄여주는 부분은 상황에 따라 안뜨기 2코인 부분은 p2tog로, 겉뜨기 2코인 부분은 k2tog로, 겉뜨기와 안뜨기가 섞인 부분은 k2tog로 줄여줍니다. 4mm 바늘로 바꾸어 1코 고무뜨기(겉 1, 안 1 반복)로 총 19단(약 6cm)을 뜨고 1코 고무단 돗바늘 마무리로 코막음합니다.

숄칼라 뜨기

80cm 케이블을 연결한 4mm 바늘을 이용해 입었을 때 기준으로 오른쪽 앞판의 겉면을 바라보고 고무단 끝부분부터 매 단, 매 코 코를 주워줍니다. 반대편 고무단으로 갈 때까지 코를 주워줍니다. 전체 콧수는 몸통 전체 길이마다 다르기 때문에 콧수는 맞춰주지 않아도 됩니다. 코를 다 주운 다음 실을 끊어주고, 뒷목의 2코 멍석 부분 26코를 표시하도록 마커를 걸어주고, 각 앞판 쪽으로 49코를 세어서 마커를 걸어줍니다. 이제 실을 끊어준 부분에 있는 바늘에 안뜨기부터 시작하는 흔들코로 20코를 잡아주고, 안쪽면을 바라보고 아래와 같이 너블니팅으로 뜹니다.

1단(셋업단, 안면): [실 앞에 두고 안뜨기 방향으로 1코 거르기, 뒤로 찔러 겉뜨기]를 마지막 2코 남을 때까지 반복, 실 앞에 두고 안뜨기 방향으로 1코 거르기, k2tog tbl

2단(겉면): [실 앞에 두고 안뜨기 방향으로 1코 거르기, 겉 1] 끝까지 반복

3단(안면): [실 앞에 두고 안뜨기 방향으로 1코 거르기, 겉 1]을 마지막 2코 남을 때까지 반복, 실 앞에 두고 안뜨기 방향으로 1코 거르기, k2tog tbl

2~3단을 반복하여 앞판에 걸어준 마커가 걸려 있는 부분까지 뜹니다. 마커 전에 k2tog tbl을 해줄 버튼밴드 코를 모두 소진하고 뒤집어서 겉면을 뜰 차례에 다음과 같이 뜹니다(마커는 빼줍니다).

1단(겉면, 늘림단): 안 거르기(=실 앞에 두고 안뜨기 방향으로 1코 거르기), 겉 1, 안 거르기, 겉 1, 안 거르기, M1L, 겉 1, 끝까지 더블니팅 패턴대로 뜨기

2단(안면, 늘림단): 마지막 6코 남을 때까지 더블니팅 패턴대로 뜨기,

M1R, 안 거르기, 겉 1, 안 거르기, 겉 1, 안거르기, k2tog tbl

3단(겉면): [안 거르기, 겉 1] 끝까지 반복

4단(안면): [안 거르기, 겉 1]을 마지막 2코 남을 때까지 반복, 안 거르기, k2tog tbl

1~4단 24번 반복+1~2단 1번 더 반복해서 양쪽 면 각각 총 25번의 늘림을 진행합니다.

한 면당 25코가 증가하여 양쪽 합해서 총 70코가 됩니다(기본 10코+10코+늘림 25코+25코=70코).

이제 뒷목 26코 전에 표시해둔 49코를 모두 소진하게 되어 뒷목 마커를 만나게 됩니다. 마커는 빼주고 뒷목 부분은 아래 4단을 반복합니다.

> **Point**
>
> 버튼밴드는 단이고 뒷목 부분은 코이기 때문에 코단 게이지가 딱 맞지 않습니다. 단 부분 뜰 때처럼 매 안면 합쳐주게 되면 뒷목 부분이 조여들어 목 뒷부분이 답답해집니다. 그래서 매 두 번째 안면에서만 합쳐주는 것입니다.

1단(겉면): [안 거르기, 겉 1] 끝까지 반복

2단(안면): [안 거르기, 겉 1] 끝까지 반복 (k2tog tbl 하지 않고 뒤집는다는 뜻)

3단(겉면): [안 거르기, 겉 1] 끝까지 반복

4단(안면): [안 거르기, 겉 1]을 마지막 2코 남을 때까지 반복, 안 거르기, k2tog tbl

이제 뒷목을 표시한 마커 전에 k2tog tbl을 해줄 버튼밴드 코를 모두 소진하고 뒤집어서 겉면을 뜰 차례에 다음과 같이 뜹니다(마커는 빼줍니다).

1단(겉면, 줄임단): 안 거르기, 겉 1, 안 거르기, 겉안겉 코 자리 바꿔서 안뜨기 코 제일 뒤로 보내고 앞에 2코(겉뜨기 코) ssk, 안 거르기 연달아 2번, 끝까지 더블니팅 패턴대로 뜨기

2단(안면, 줄임단): 마지막 6코 남을 때까지(겉 2 나오는 곳까지) 패턴대로 뜨기, k2tog, 안 거르기, 겉 1, 안 거르기, k2tog tbl

3단(겉면): [안 거르기, 겉 1] 끝까지 반복

4단(안면): [안 거르기, 겉 1]을 마지막 2코 남을 때까지 반복, 안 거르기, k2tog tbl

1~4단 24번 반복+1~2단 1번 더 반복해서 총 25번의 줄임을 진행합니다. 한 면당 25코가 감소하여 양쪽 합해서 다시 처음대로 20코가 됩니다.

이제 앞판 49코를 모두 소진하게 되어 마커를 만나게 됩니다. 마커를 빼고 단춧구멍을 만들어주기 위해 마커를 걸며 코를 분배합니다.

먼저 코를 주워준 부분에서 지금 뜨고 있는 부분 5코 아래에 마커를 하나 걸고, 왼쪽 앞판 고무단 끝부분에서부터 14코 되는 지점에도 하나 걸어줍니다. 제일 윗부분 단춧구멍과 제일 아랫부분 단춧구멍이 달릴 부분이 표시되었습니다. 이제 이 사이에 코를 나눠서 일정하게 분배합니다. 예를 들어 5코와 14코 사이에 있는 코를 세었을 때 132코라면, 그 사이에 단추 2개를 달아주는 경우 132를 3으로 나눠서 44코 간격으로 마커를 걸면 총 4개의 마커(단춧구멍이 될 부분)가 걸리게 됩니다. 사이에 단추를 3개 달아주는 경우에는 132를 4로 나눠서 33코 간격으로 마커를 걸어주면 총 5개의 마커(단춧구멍이 될 부분)가 걸리게 됩니다. 만약 코가 정확하게 나눠 떨어지지 않는 경우에는 간격당 1코 차이를 두면 됩니다. 예를 들어 145코인 경우 3으로 나누면 48.333코가 됩니다. 이럴 땐 48, 48, 49코 간격으로 마커를 걸어주면 됩니다. 만약 1코 차이가 나는 것이 싫다면 제일 아래 마커를 1칸 위로 올리거나 내려서 간격을 맞춰주어도 됩니다.

이제 첫 번째 만나는 마커까지 아래 2단을 반복합니다.

1단(겉면): [안 거르기, 겉 1]을 끝까지 반복

2단(안면): [안 거르기, 겉 1]을 마지막 2코 남을 때까지 반복, 안 거르기, k2tog tbl

마커를 만나면 겉면에서 마커를 빼고 아래와 같이 단춧구멍을 뜹니다.

1단(겉면): [안 거르기, 겉 1] 끝까지 반복

2단(안면): [안 거르기, 겉 1] 5회 반복 (10코), 마커로 단 표시, 편물 뒤집기(동영상 참고)

3단(겉면): [안 거르기, 겉 1] 끝까지 반복

4단(안면): [안 거르기, 겉 1] 5회 반복 (10코), 편물 뒤집기

5단(겉면): [안 거르기, 겉 1] 끝까지 반복

6단(안면): [안 거르기, 겉 1] 5회 반복 (10코), 편물 뒤집기

7단(겉면): [안 거르기, 겉 1] 끝까지 반복

8단(안면): [안 거르기, 겉 1] 5회 반복 (10코), 편물 뒤집기

9단(겉면): [안 거르기, 겉 1] 끝까지 반복

여기까지 뜨면 단수표시링으로 표시해놓은 부분부터 더블니팅으로 4단이 완성됩니다.

10단(안면): [안 거르기, 겉 1] 5회 반복(10코), 바늘비우기 2회, [안 거르기, 겉 1] 4회 반복, 안 거르기, k2tog tbl (안쪽 10코 부분에 마커로 단 표시)

11단(겉면): [안 거르기, 겉 1] 4회 반복(8코), 안 거르기, 겉뜨기 코와 바늘비우기 첫 번째 코 ssk, 편물 뒤집기

12단(안면): [안 거르기, 겉 1] 4회 반복, 안 거르기, k2tog tbl

13단(겉면): [안 거르기, 겉 1] 4회 반복(8코), 안 거르기, 겉뜨기 코와 바늘비우기 코 ssk, 왼쪽 바늘을 앞쪽에서 뒤쪽으로 두 바늘 사이를 가로지르는 가닥을 건져올려 새로운 코 만들기, 편물 뒤집기

14단(안면): [안 거르기, 겉 1] 4회 반복, 안 거르기, k2tog tbl

15단(겉면): [안 거르기, 겉 1] 4회 반복(8코), 안 거르기, 겉뜨기 코와 건져올린 코 ssk, 왼쪽 바늘을 앞쪽에서 뒤쪽으로 두 바늘 사이를 가로지르는 가닥을 건져올려 새로운 코 만들기, 편물 뒤집기

16단(안면): [안 거르기, 겉 1] 4회 반복, 안 거르기, k2tog tbl

17단(겉면): [안 거르기, 겉 1] 4회 반복(8코), 안 거르기, 겉뜨기 코와 건져올린 코 ssk, 왼쪽 바늘을 앞쪽에서 뒤쪽으로 두 바늘 사이를 가로지르는 가닥을 건져올려 새로운 코 만들기, 편물 뒤집기

18단(안면): [안 거르기, 겉 1] 4회 반복, 안 거르기, k2tog tbl

여기까지 뜨면 단수표시링으로 표시해놓은 부분부터 더블니팅으로 5단이 완성됩니다. 반대쪽도 마찬가지로 5단으로 완성되어 있습니다.

19단(겉면): [안 거르기, 겉 1] 4회 반복(8코), 안 거르기, 겉뜨기 코와 건져올린 코 ssk, [안 거르기, 겉 1] 5회 반복(10코)

이제 단춧구멍이 만들어지고 더블니팅 버튼밴드 20코가 다시 하나로 합쳐졌습니다. 다음 단춧구멍을 위해 표시해준 마커 직전까지의 모든 코를 소진할 때까지 더블니팅 패턴대로 뜨고, 마커 직전 코를 모두 소진한 후 겉면을 뜰 차례에 마커를 빼고 위 단춧구멍 뜨는 방식을 동일하게 진행해주면 됩니다.

총 4개의 단춧구멍을 만들어준 후, 주운 코를 모두 소진할 때까지 버튼밴드를 뜨고 바늘에 20코만 남게 되면 겉면을 뜰 차례에 1코 고무단 돗바늘 마무리로 코막음합니다.

주머니 뜨기

고무단을 위쪽으로 두고 옷의 안쪽면을 바라보게 둔 상태에서 주머니 부분에서 코를 빼둔 24코를 4mm 바늘에 끼우고 아래와 같이 뜹니다.

1단(안면): 감아코 1, 끝까지 안뜨기, 감아코 1 (2코 증가, 총 26코)
2단(겉면): 모두 겉뜨기
3단(안면): 모두 안뜨기

2~3단을 반복하여 주머니 안쪽 부분이 총 33단이 될 때까지 뜨고 겉면을 뜰 차례에 겉뜨기로 뜨면서 코막음합니다. 실을 길게 남겨 나중에 꿰맬 때 사용합니다.

옷의 겉면을 바라보고 4mm 바늘로 바늘에 시작 코 1코를 만들고 주머니의 열려 있는 부분의 아래쪽에서 24코를 주워줍니다. 시작 코를 포함하여 총 25코가 됩니다. 아래와 같이 뜹니다.

1단(안면): 겉 1, 끝까지 [안 1, 겉 1] 반복
2단(겉면): 안 1, 끝까지 [겉 1, 안 1] 반복

1~2단을 반복하여 총 5단을 뜬 후 1코 고무단 돗바늘 마무리로 코막음 합니다. 주머니 안쪽 부분과 바깥 고무단이 완성되었으면 주머니 안쪽의 양 옆, 아랫부분을 돗바늘로 감침질하여 연결하고 바깥 고무단은 양 옆을 단과 단끼리 메리야스잇기 하듯이 돗바늘로 연결하여 마무리합니다.

단추 달기   단춧구멍 맞은편에 단추를 달아 마무리합니다.

숄칼라 카디건 주머니

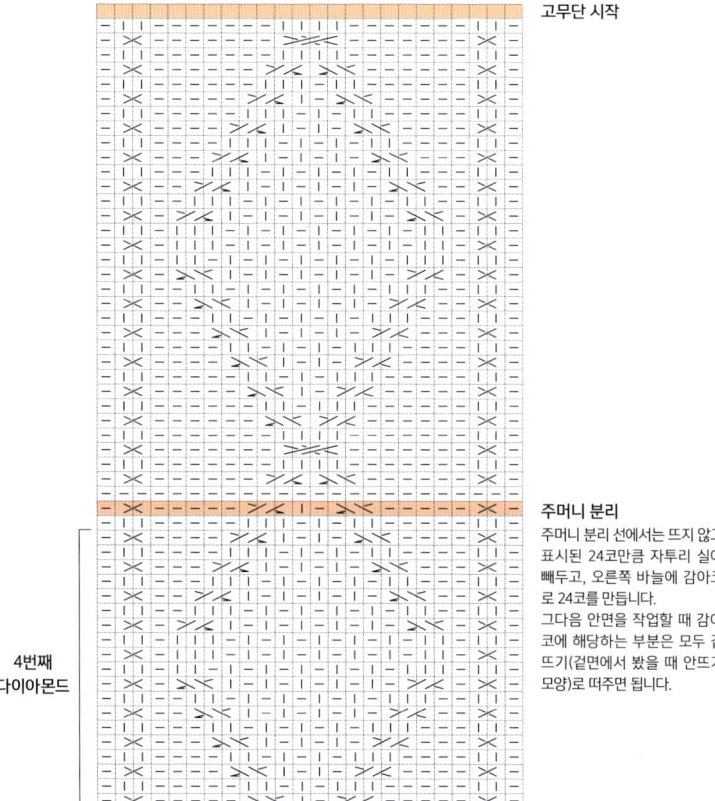

고무단 시작

주머니 분리

주머니 분리 선에서는 뜨지 않고 표시된 24코만큼 자투리 실에 빼두고, 오른쪽 바늘에 감아코로 24코를 만듭니다.
그다음 안면을 작업할 때 감아코에 해당하는 부분은 모두 겉뜨기(겉면에서 봤을 때 안뜨기 모양)로 떠주면 됩니다.

4번째 다이아몬드

다이아+꽈배기 반복 무늬 도안

※ 차트 도안은 QR 코드에서 확인할 수 있습니다.

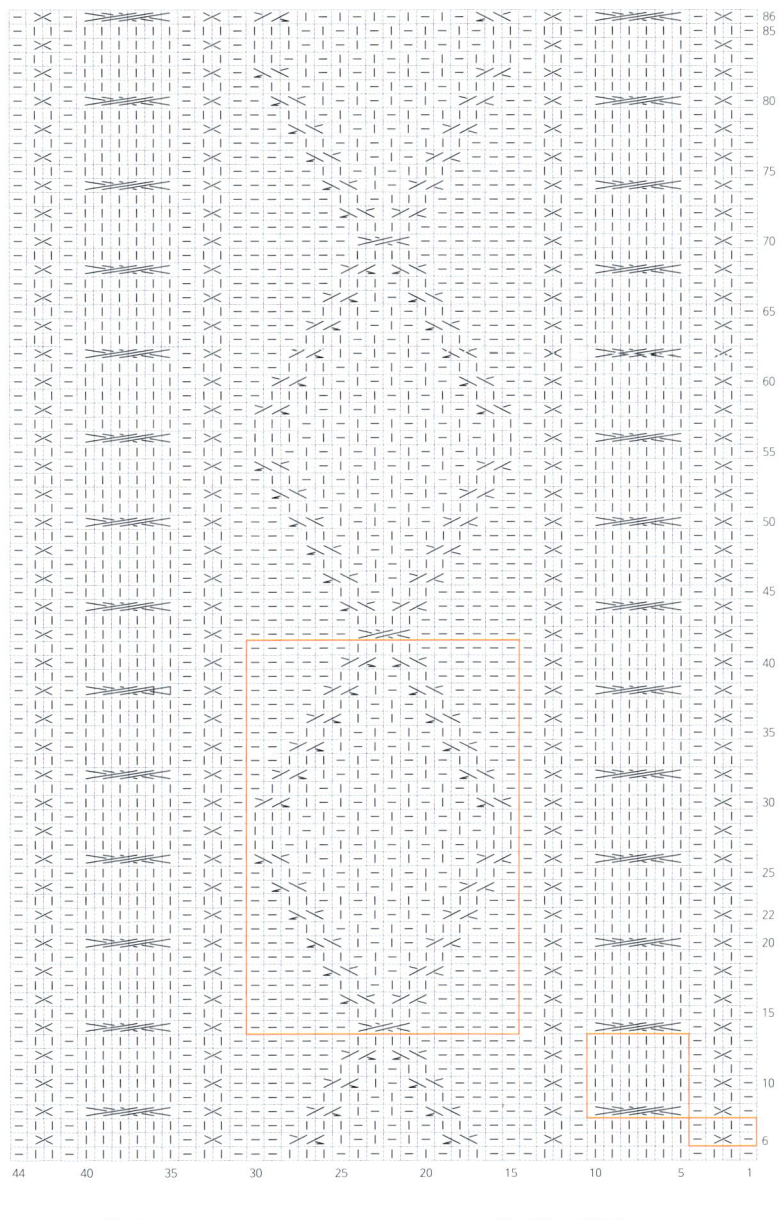

| | = 겉뜨기
− = 안뜨기
✕ = 왼코 위 교차뜨기
⟩⟨ = 왼코 위 2코 교차뜨기(오른코 1코 겉뜨기)
⟩⟨ = 왼코 위 2코 교차뜨기(오른코 1코 안뜨기)

⟩⟨ = 왼코 위 2코 교차뜨기
⟩⟩⟨⟨ = 왼코 위 3코 교차뜨기
⟩⟨ = 오른코 위 2코 교차뜨기(왼코 1코 겉뜨기)
⟩⟨ = 오른코 위 2코 교차뜨기(왼코 1코 안뜨기)

065

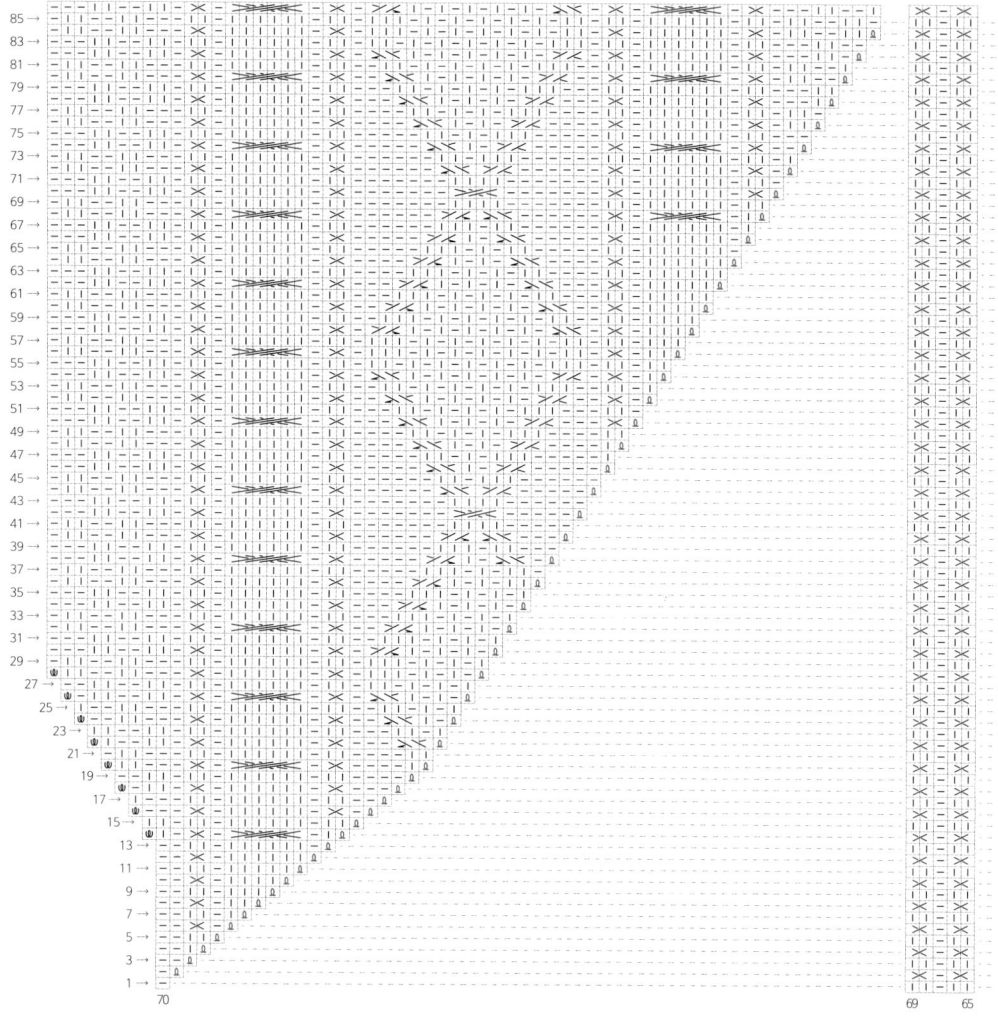

오른쪽 앞판   래글런

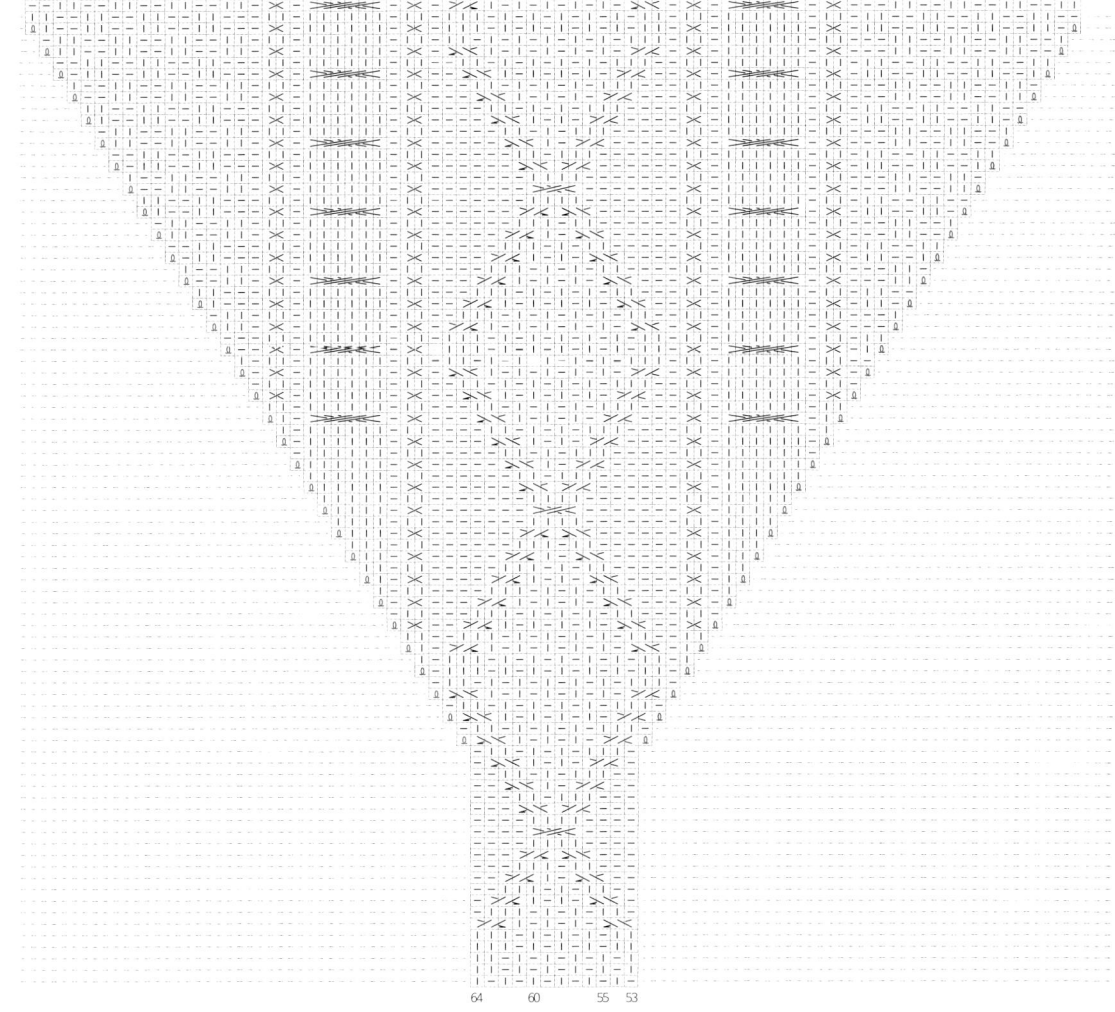

오른쪽 소매

| = 겉뜨기   ✕ = 왼코 위 교차뜨기
− = 안뜨기   ⤨ = 왼코 위 2코 교차뜨기(오른코 1코 겉뜨기)
⤊ = M1L   ⤨ = 왼코 위 2코 교차뜨기(오른코 1코 안뜨기)
⤊ = M1R   ⤨ = 왼코 위 2코 교차뜨기
ꟿ = 감아코   ⤨ = 왼코 위 3코 교차뜨기
            ⤨ = 오른코 위 2코 교차뜨기(왼코 1코 겉뜨기)
            ⤨ = 오른코 위 2코 교차뜨기(왼코 1코 안뜨기)

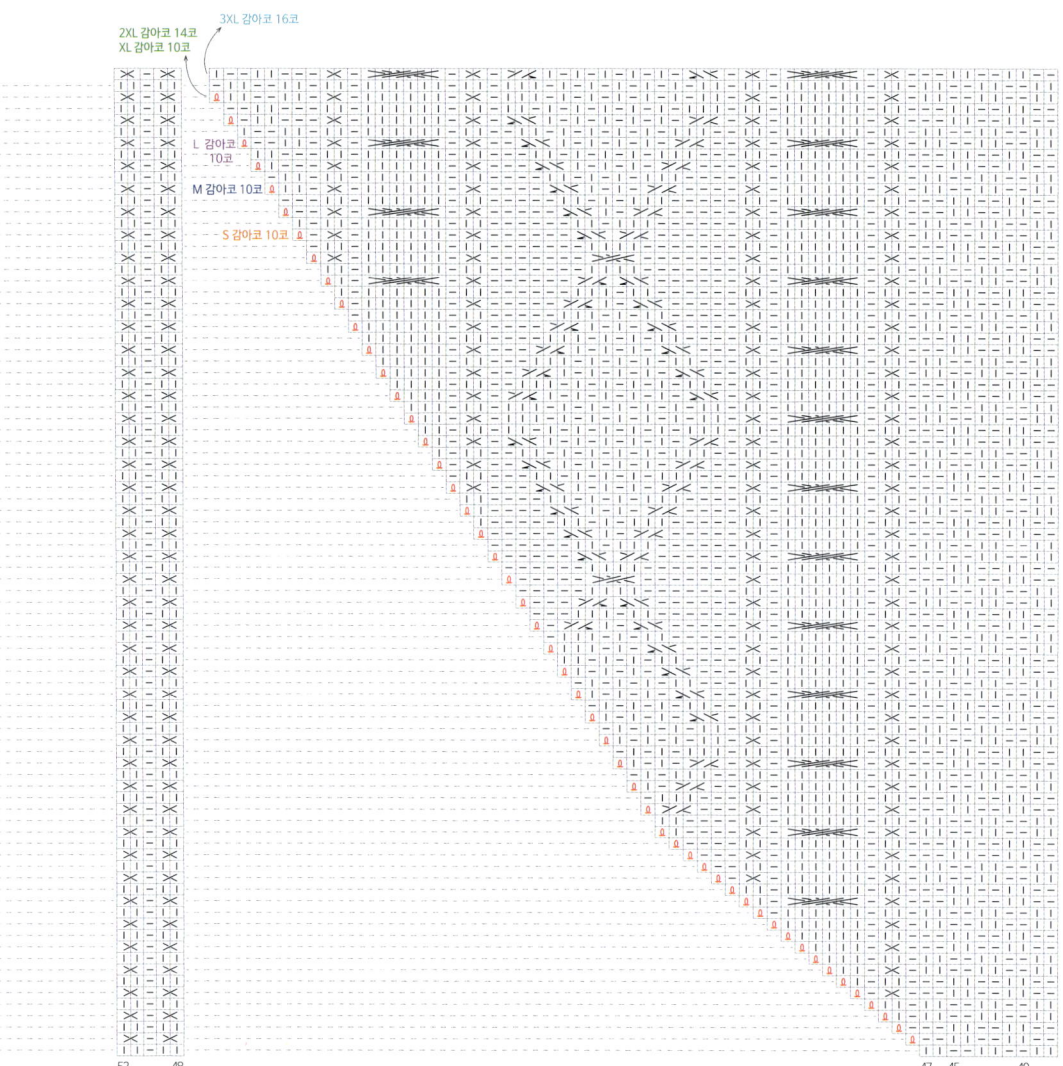

래글런

068

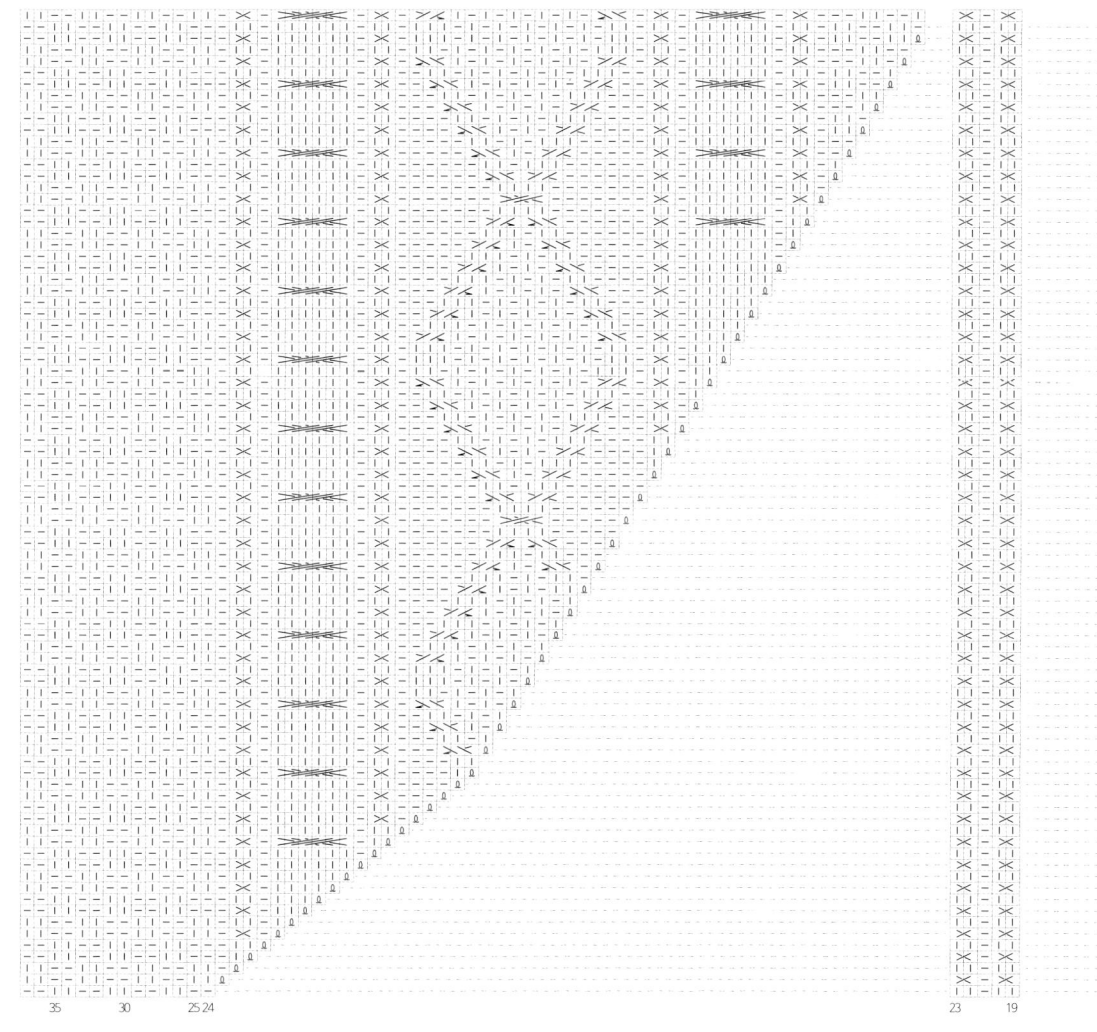

| = 겉뜨기　　　　　✕ = 왼코 위 교차뜨기
− = 안뜨기　　　　　⟩✕ = 왼코 위 2코 교차뜨기(오른코 1코 겉뜨기)
Ω = M1L　　　　　⟩✕ = 왼코 위 2코 교차뜨기(오른코 1코 안뜨기)
Ω = M1R　　　　　⟩✕⟨ = 왼코 위 2코 교차뜨기
　　　　　　　　　⟩✕⟨ = 왼코 위 3코 교차뜨기
　　　　　　　　　⟩✕ = 오른코 위 2코 교차뜨기(왼코 1코 겉뜨기)
　　　　　　　　　⟩✕ = 오른코 위 2코 교차뜨기(왼코 1코 안뜨기)

069

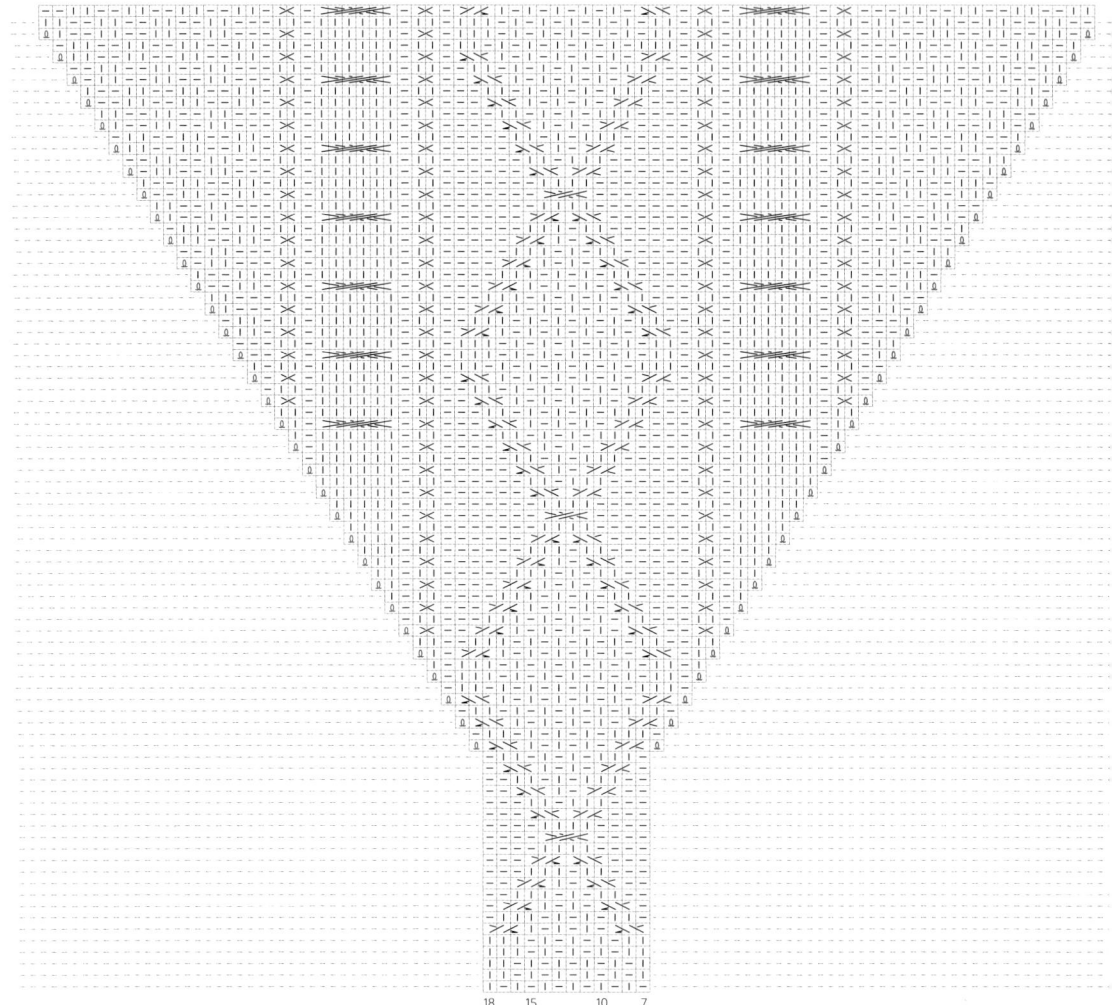

왼쪽 소매

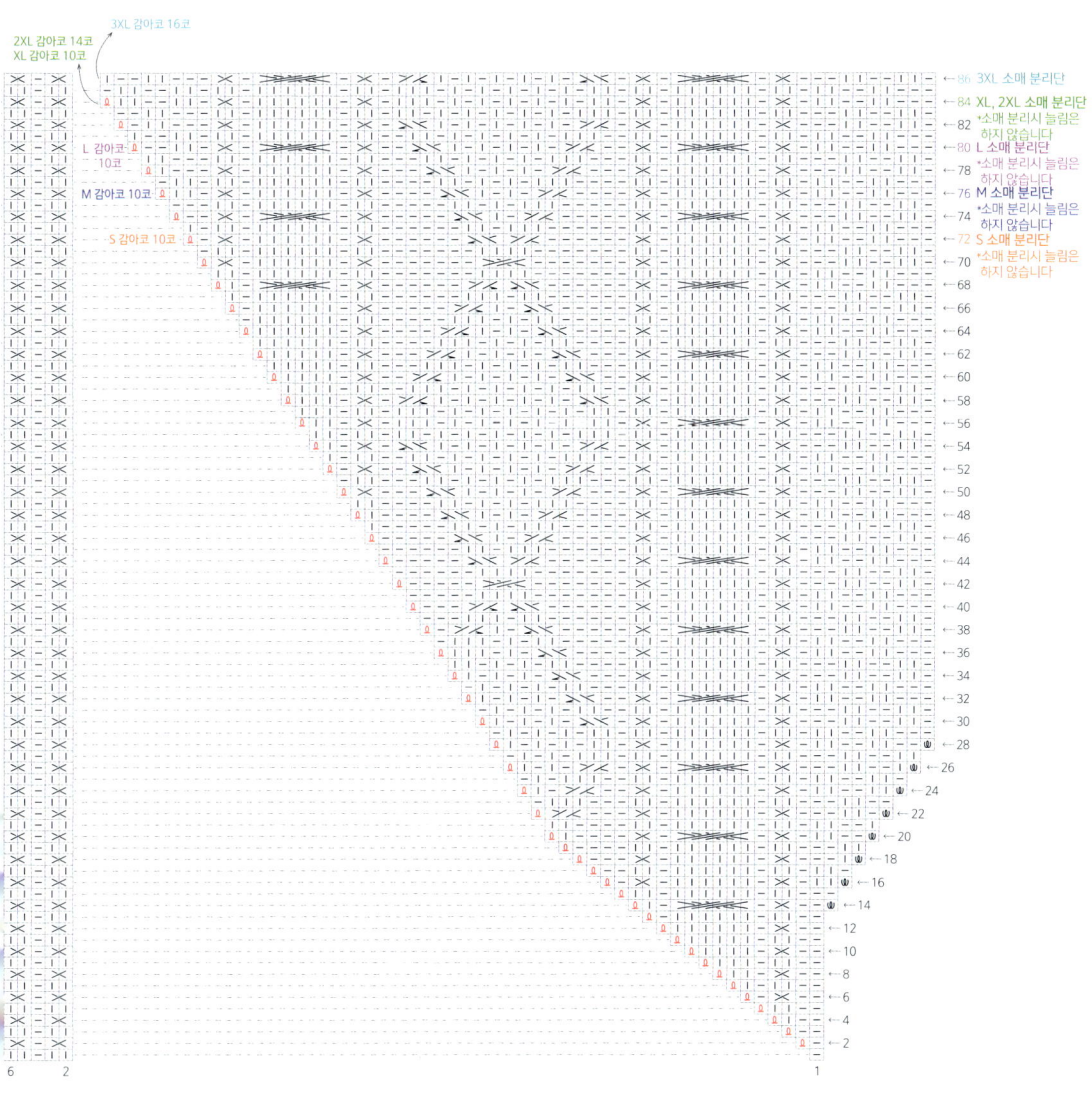

S 사이즈 소매

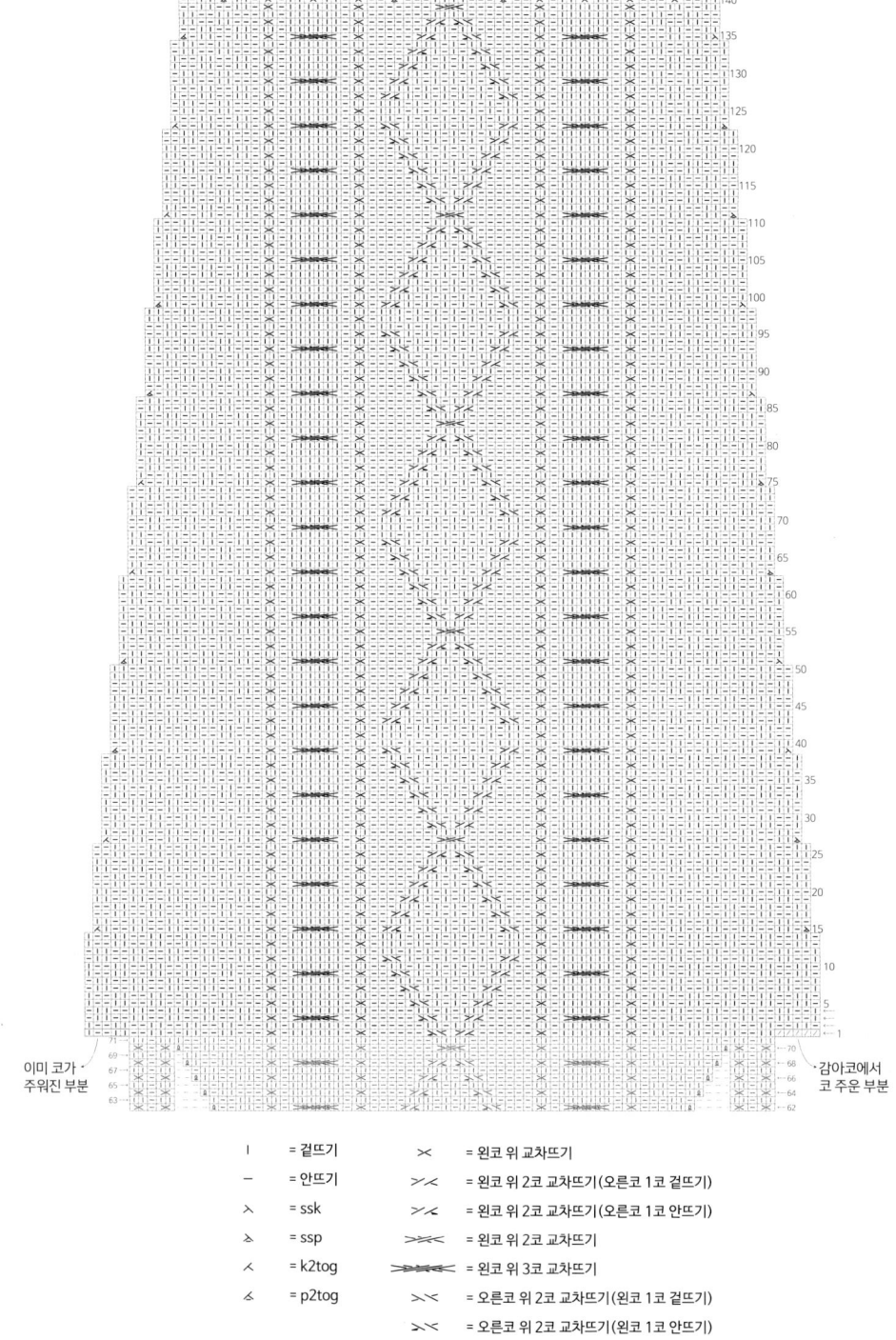

	= 겉뜨기	✕	= 왼코 위 교차뜨기
−	= 안뜨기	⧸⧹	= 왼코 위 2코 교차뜨기(오른코 1코 겉뜨기)
⟩	= ssk	⧸⧹	= 왼코 위 2코 교차뜨기(오른코 1코 안뜨기)
⟩	= ssp	⧸⧹	= 왼코 위 2코 교차뜨기
⟨	= k2tog	⧸⧹	= 왼코 위 3코 교차뜨기
⟨	= p2tog	⧸⧹	= 오른코 위 2코 교차뜨기(왼코 1코 겉뜨기)
		⧸⧹	= 오른코 위 2코 교차뜨기(왼코 1코 안뜨기)

M 사이즈 소매

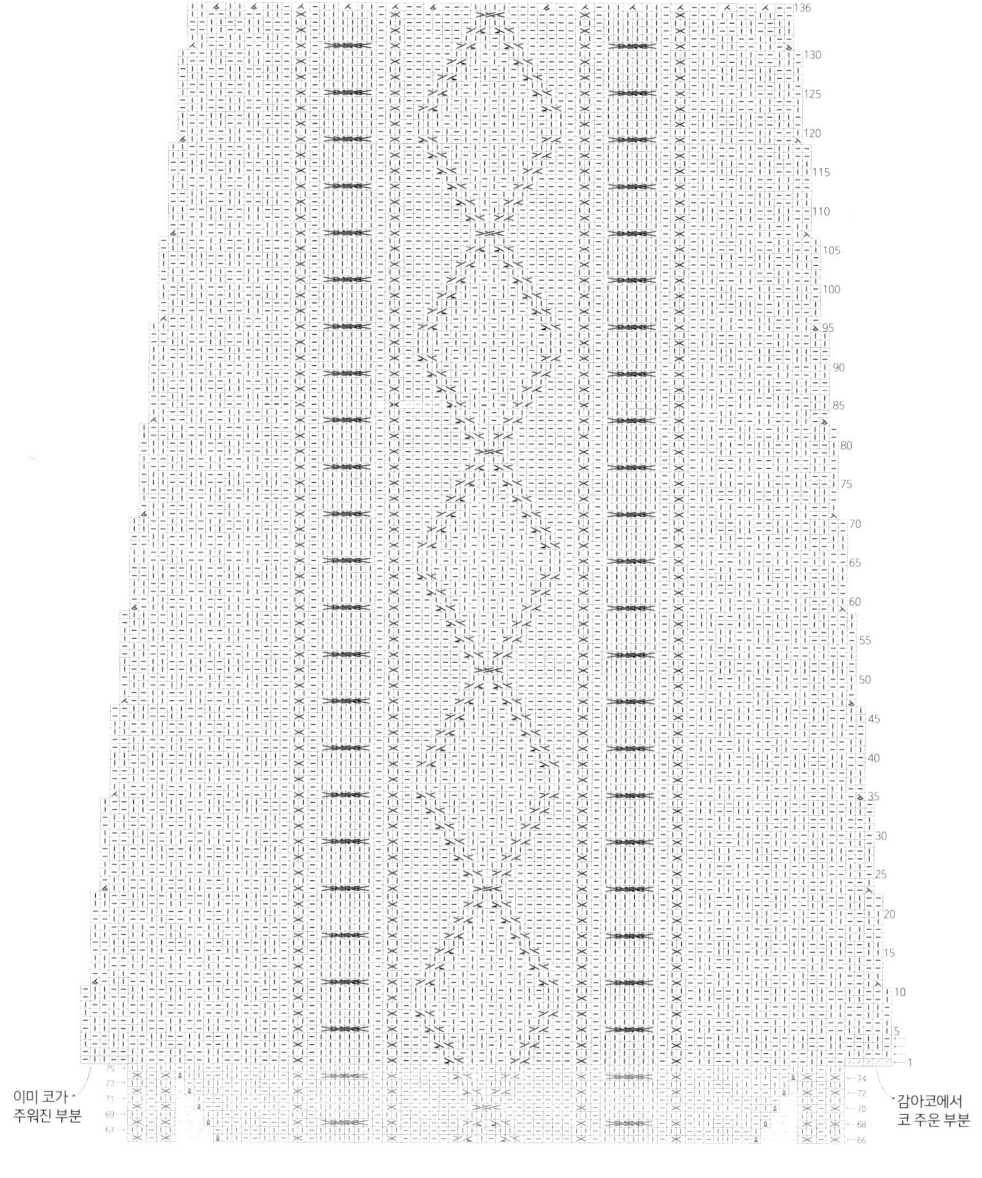

	= 겉뜨기	╳	= 왼코 위 교차뜨기
−	= 안뜨기	⋝⋜	= 왼코 위 2코 교차뜨기(오른코 1코 겉뜨기)
⋋	= ssk	⋝⋌	= 왼코 위 2코 교차뜨기(오른코 1코 안뜨기)
⋌	= ssp	⋙⋘	= 왼코 위 2코 교차뜨기
⋋	= k2tog	⋙⋘	= 왼코 위 3코 교차뜨기
⋌	= p2tog	⋌⋋	= 오른코 위 2코 교차뜨기(왼코 1코 겉뜨기)
		⋌⋋	= 오른코 위 2코 교차뜨기(왼코 1코 안뜨기)

L 사이즈 소매

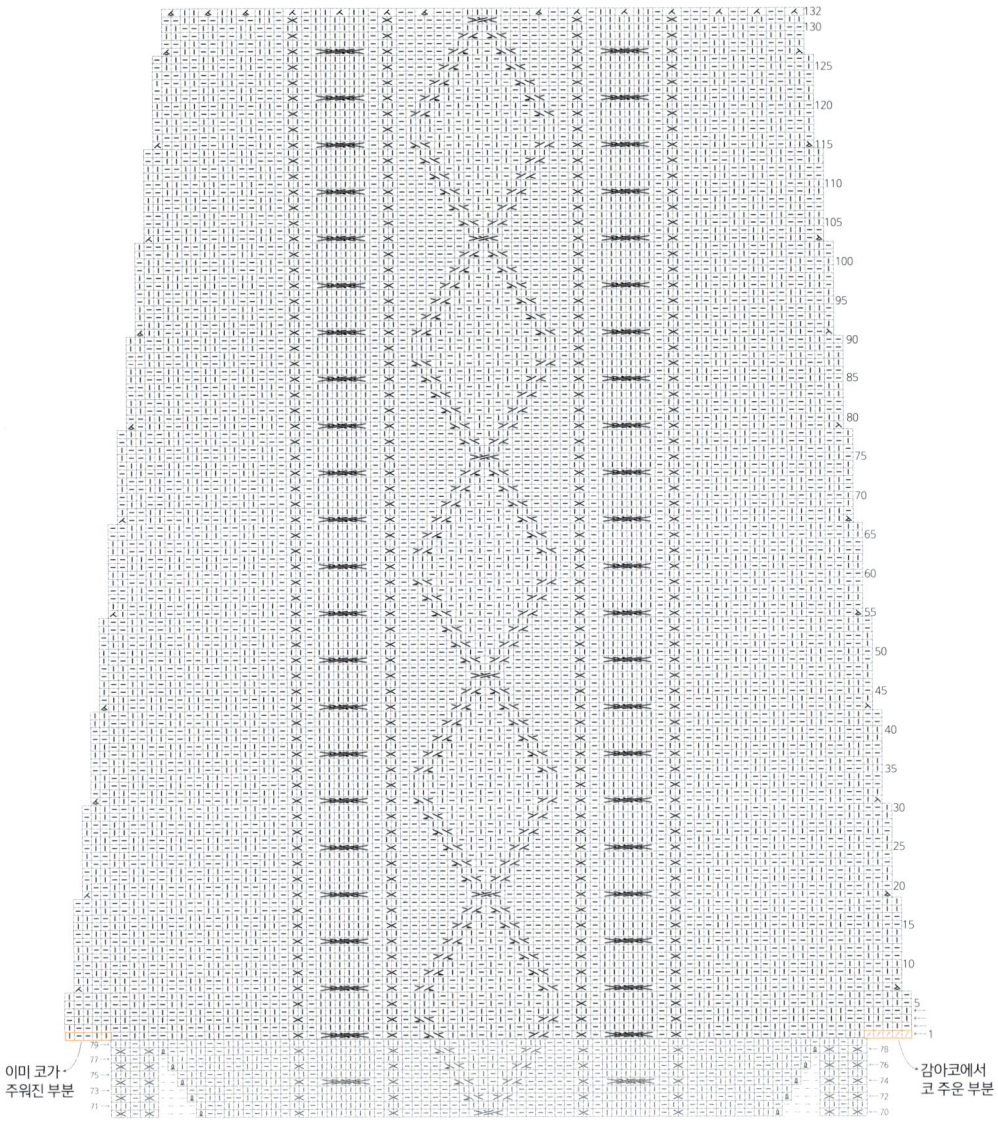

| = 겉뜨기
— = 안뜨기
⋋ = ssk
⋌ = ssp
⋏ = k2tog
⋎ = p2tog

✕ = 왼코 위 교차뜨기
⋋⋌ = 왼코 위 2코 교차뜨기(오른코 1코 겉뜨기)
⋋⋌ = 왼코 위 2코 교차뜨기(오른코 1코 안뜨기)
⋋⋌ = 왼코 위 2코 교차뜨기
⋋⋌ = 왼코 위 3코 교차뜨기
⋌⋋ = 오른코 위 2코 교차뜨기(왼코 1코 겉뜨기)
⋌⋋ = 오른코 위 2코 교차뜨기(왼코 1코 안뜨기)

XL 사이즈 소매

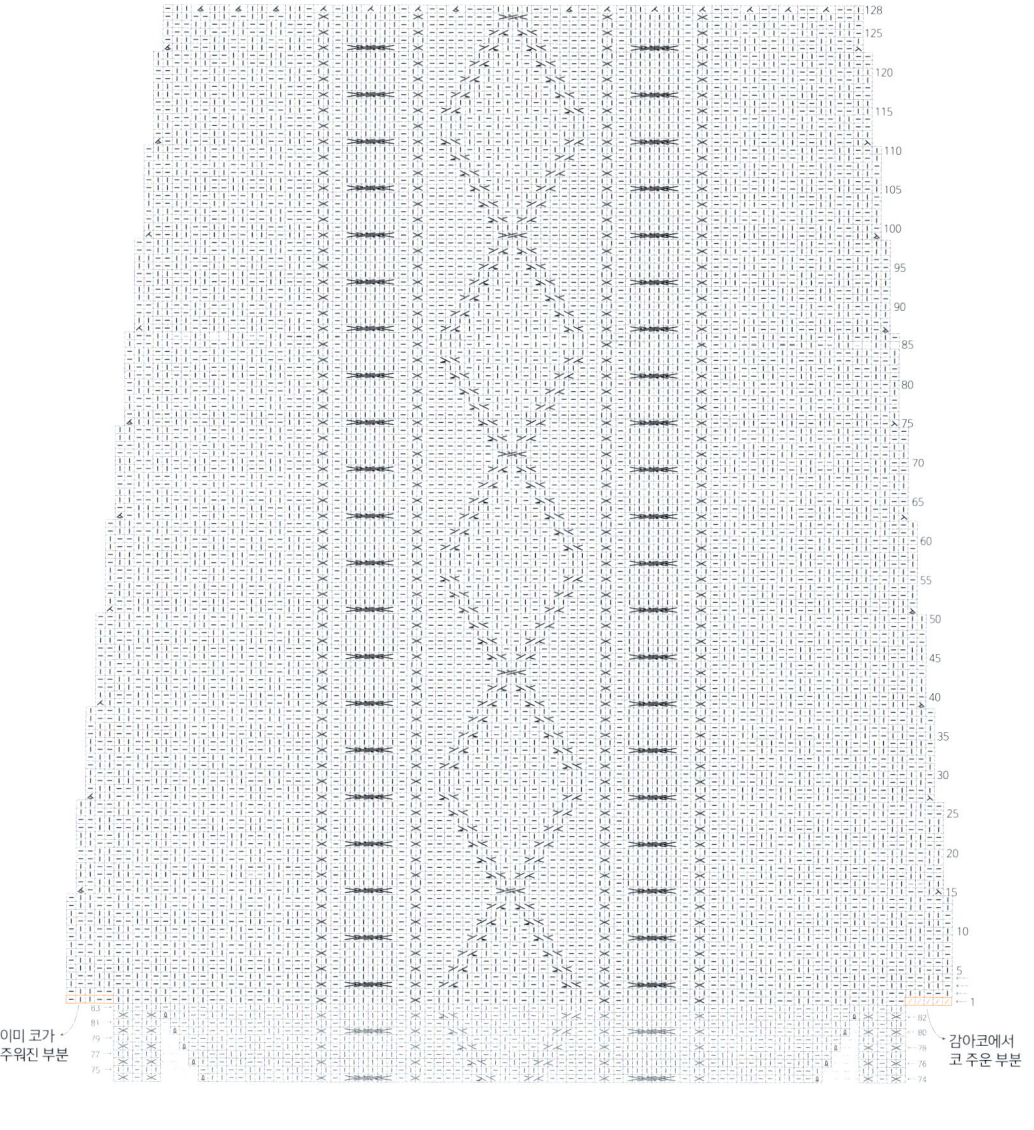

	= 겉뜨기		= 왼코 위 교차뜨기
−	= 안뜨기		= 왼코 위 2코 교차뜨기(오른코 1코 겉뜨기)
	= ssk		= 왼코 위 2코 교차뜨기(오른코 1코 안뜨기)
	= ssp		= 왼코 위 2코 교차뜨기
	= k2tog		= 왼코 위 3코 교차뜨기
	= p2tog		= 오른코 위 2코 교차뜨기(왼코 1코 겉뜨기)
			= 오른코 위 2코 교차뜨기(왼코 1코 안뜨기)

075

2XL 사이즈 소매

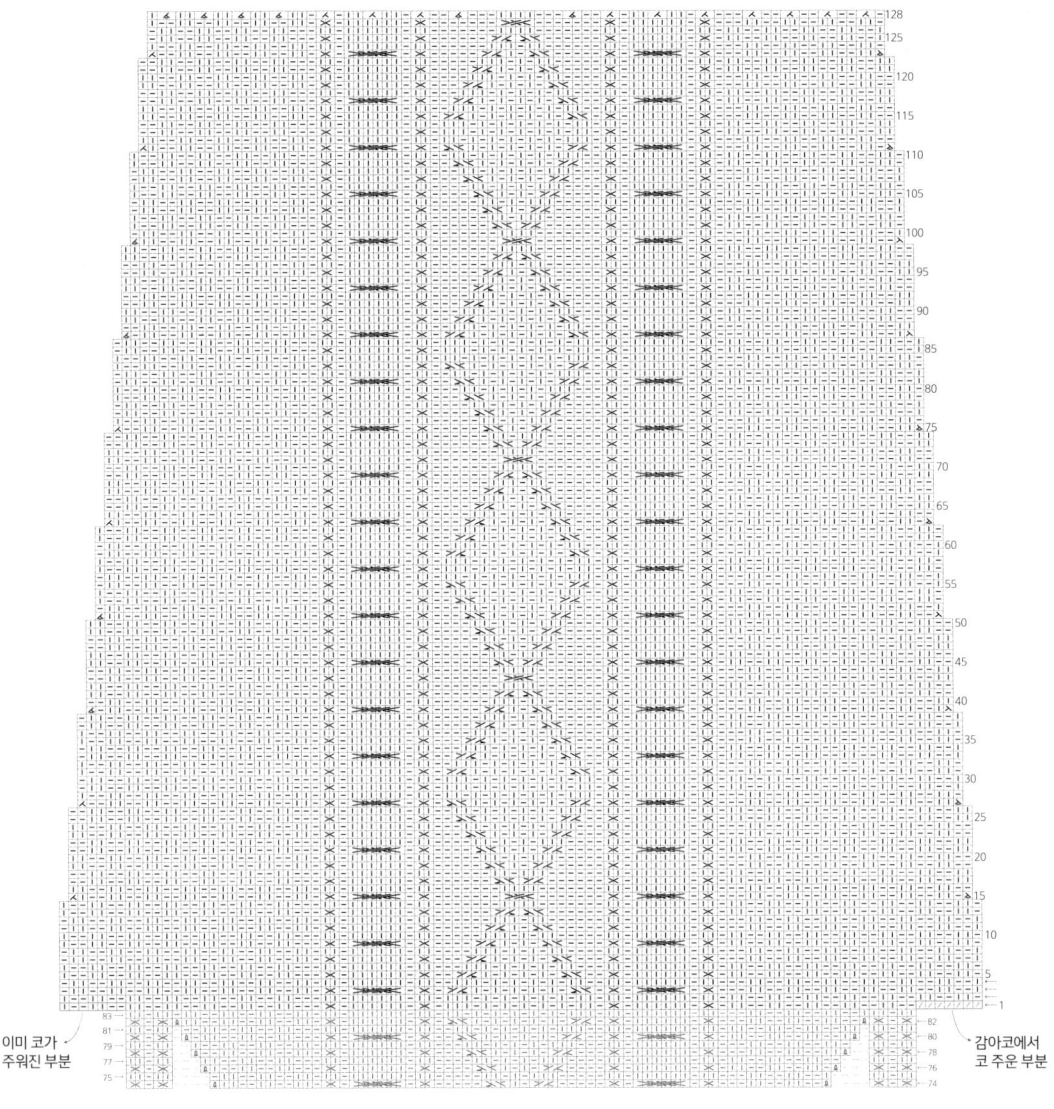

│	= 겉뜨기	╳	= 왼코 위 교차뜨기
─	= 안뜨기	⸝╳	= 왼코 위 2코 교차뜨기(오른코 1코 겉뜨기)
⋌	= ssk	⸝╳	= 왼코 위 2코 교차뜨기(오른코 1코 안뜨기)
⋋	= ssp	⸝╳	= 왼코 위 2코 교차뜨기
⋌	= k2tog	⸝╳	= 왼코 위 3코 교차뜨기
⋋	= p2tog	╳⸍	= 오른코 위 2코 교차뜨기(왼코 1코 겉뜨기)
		╳⸍	= 오른코 위 2코 교차뜨기(왼코 1코 안뜨기)

3XL 사이즈 소매

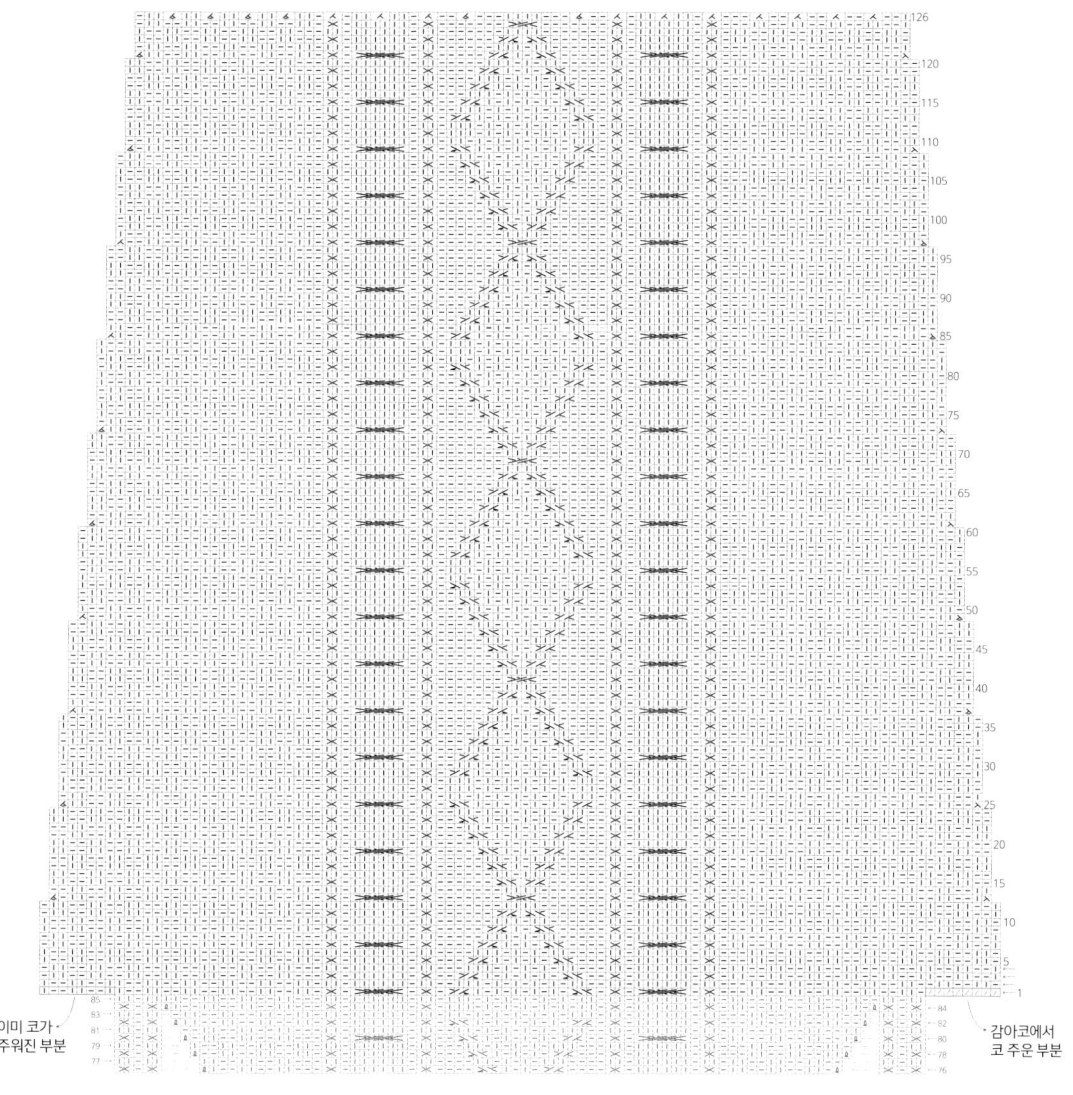

	= 겉뜨기	╳ = 왼코 위 교차뜨기
−	= 안뜨기	╳ = 왼코 위 2코 교차뜨기(오른코 1코 겉뜨기)
⋏	= ssk	╳ = 왼코 위 2코 교차뜨기(오른코 1코 안뜨기)
⋏	= ssp	╳ = 왼코 위 2코 교차뜨기
⋏	= k2tog	╳ = 왼코 위 3코 교차뜨기
⋏	= p2tog	╳ = 오른코 위 2코 교차뜨기(왼코 1코 겉뜨기)
		╳ = 오른코 위 2코 교차뜨기(왼코 1코 안뜨기)

감아코 부분 무늬 도안

S 사이즈

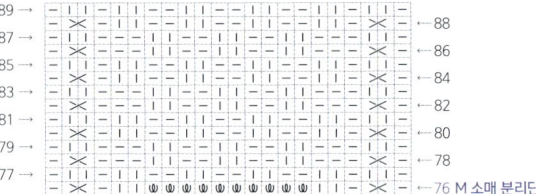

M 사이즈

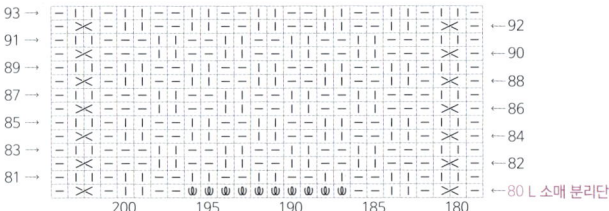

L 사이즈

XL 사이즈

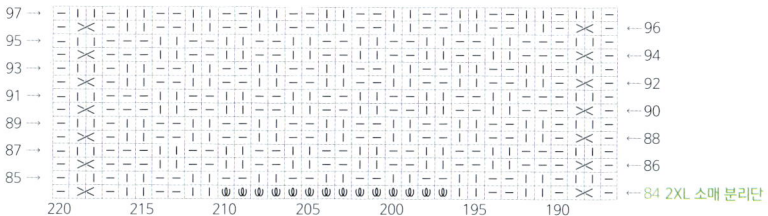

2XL 사이즈

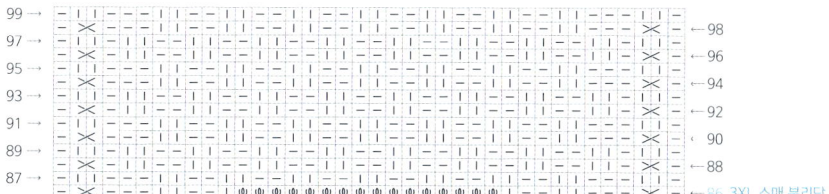

3XL 사이즈

| = 겉뜨기
− = 안뜨기
ω = 감아코
⋈ = 왼코 위 교차뜨기

079

Essay 1

✕

난 엄마에게 뜨개를 배우지 않았다

✕

많은 사람이 내가 엄마에게 비결을 전수받아 2대째 이어가고 있다는 전형적인 스토리로 알고 있지만, 사실은 그렇지 않다. 엄마는 항상 사업을 꾸리느라 바빴다. 그리고 "여자가 삯바느질을 하면 돈을 못 번다"라는 외할머니의 말이 꽤나 깊이 마음에 박혔던 건지 뜨개 사업을 하면서도 나에게 뜨개를 한 번도 권한적이 없었다. 하지만 나는 보고 자란 게 있어서 그런지 어릴 때부터 양말을 잘라서 테디베어를 만들곤 했다.

　내가 초등학교 2학년 때 코바늘 뜨개 인형 책이 크게 유행했었다. 마침 엄마의 회사에서 뜨개를 가르치던 선생님의 도서였다. 내가 뜨개를 배우고 싶다고 하니 엄마는 바늘이야기 명동점(그때 당시 본사였던 곳) 한쪽에 나를 앉히고 책과 코바늘, 실을 안겨주고는 택배 업무를 보러 나갔다. 코바늘 쥐는 방법, 실 잡는 방법, 매직링 만드는 방법 등 사진 설명과 일러스트 그림이 잘 나와 있어서 수월하게 따라 할 수 있었다. 짧은뜨기 기호와 코늘림 기호를 이해하고 나니 원형 도안도 어렵지 않게 읽고 따라서 뜰 수 있었다. 가끔 막히는 부분이 있으면 선생님들이 오가며 알려주셨다(엄마는 왼손잡이라서 나에게 뜨개를 알려줄 수 없었다). 그렇게 코바늘뜨기에 재미를 붙이고 한 달 동안 인형을 대여섯 개 완성했다. 그게 신기했는지 〈세상에 이런 일이〉 프로그램 출연 제의까지 받았는데 엄마가 뜨개인이라 그렇게 놀라운 일은 아니라며 촬영이 무산됐다. 여튼, 나는 엄마에게 뜨개를 배우지 않았다.

바늘이야기에 처음 입사했던 2017년에도 나는 뜨개를 하지 않았다. 그저 고상하게 마케팅 업무나 끄적이려고 했다. 그러다 선생님들이 찍어주신 동영상 강의 편집 업무를 맡는데 손이 너무 빨라서 비뜨개인인 내가 전혀 이해할 수 없었다. 천천히 손을 움직여 찍어달라고 여러 번 부탁했지만, 더 이상 천천히는 어렵다며 다들 못 하겠다고 하셨다. 그래서 뜨개를 시작하게 되었다. 초보자의 입장에서 뜨개를 알려주기 위해서 말이다.

1990년에 뜨개를 시작한 엄마와 2017년에 처음 제대로 뜨개를 시작한 나. 그 사이 뜨개 세상은 많이 달라져 있었다. 엄마는 바텀업 스타일로만 옷을 만들었고, 나의 세대는 탑다운이 슬슬 유행하던 시기였다. 그래서 더더욱 뜨개를 다시 시작할 때에도 엄마에게 비법 전수를 받지 못했다. 엄마는 탑다운을 떠본 적이 없기 때문이다. 엄마는 아메리칸으로 뜨개를 했고, 나는 콘티넨털을 습득했다. 같은 뜨개라고 할지라도 엄마와 나의 거리는 점점 멀어져만 갔다. 그렇게 나는 나만의 뜨개 세상을 만들어나갔다.

엄마는 나에게 칭찬을 잘 해주지 않는 편이다. 일상생활에서도, 업무에서도, 뜨개에서도 그렇다. 내가 두 번째 책인 『쉽게 뜨는 요즘 니트』 책을 작업하던 당시 손가락장갑을 떴는데, 어느 날 밤 완성한 장갑을 식탁 위에 올려놓고 잠이 들었다. 그 장갑을 본 엄마는 다음날 아침 "네가 이제 이런 것도 뜰 줄 아네"라고 말했다. 엄마가 나에게 해줄 수 있는 최대치의 칭찬이었다. 드디어 엄마에게 인정받은 기분이었다.

책 작업이 끝난 뒤 원피스를 만들 때였다. 칼라가 열리는 스타일이라 코 주운 부분 안쪽에 시접이 보이는 게 영 거슬렸다. 보통 엄마에게 뜨개 질문을 거의 하지 않지만, 이번에는 아무리 인터넷을 뒤져봐도 답이 나오지 않아서 엄마에게 가져가 물었다. "시접 안 보이게 양면에서 다 깔끔해 보이게 하려면 어떻게 해야 해?" 엄마는 나에게 바로 "4mm 바늘을 2개 가져와"라고 쿨하게 말했다.

엄마는 내게 바늘 2개를 겹쳐서 양면으로 코를 줍는 스킬을 알려주었다. 앞에 있는 바늘로는 원래 코를 줍는 것처럼 코를 줍고, 뒤에 시접 부분에 겹쳐둔 바늘에는 실을 한 번 걸쳐주어 코를 살려두었다. 그렇게 하면 양쪽 면에 모두 연결된 코가 살아 있어 더블니팅으로 뜨거나 원형뜨기로 뜨면 양면으로 작업이 가능한 것이다. 그때 난생처음 엄마에게 뜨개 비법을 전수받았다.

사실 뜨개 세상에서는 엄마와 내가 가는 길이 달라서 부딪혔던 적도 몇 번 있었다. 나는 그럴 때마다 엄마를 '올드 스쿨'이라고 생각하고 지금 시대의 뜨개는 무조건 내 말이 맞다고 생각하던 시기도 있었다. 하지만 엄마에게 비법을 전수받고 나니 내 모든 오만함이 사라졌다. 역시 엄마가 괜히 28년 동안 뜨개업을 이끌어온 게 아니구나 싶었다.

2022년 1월 엄마에게 양면 코잡기를 배우고 만든 깔끔한 칼라 시접

Square Neck Flare Tee

02

스퀘어넥 플레어 티

실	아크린넨(1볼/100g/285m) 3 (4) 4 (4) 4 (5) 5볼, 약 300 (325) 355 (365) 380 (405) 430g
바늘	4mm(케이블 40, 80cm)
게이지	22코 30단(4mm 바늘, 10×10cm 메리야스뜨기)
사이즈	XS (S) M (L) XL (2XL) 3XL
가슴둘레	107 (114) 121 (125) 129 (134) 140cm
옷 길이	46 (48) 50 (50) 52 (54) 56cm (뒷목 중심부터 쟀을 때)
샘플 사이즈	M

How to make

참고 동영상 QR 코드

목 부분의 리본으로 퍼프를 조절하는 스퀘어넥 퍼프 반팔 스웨터입니다. 목 겹단으로 시작하여 탑다운 래글런 방식으로 제작되며, 코를 주워 뜨는 부분이 없기 때문에 실 정리의 번거로움이 적습니다. 전체적으로 퍼프 스타일이기 때문에 소매통과 가슴둘레가 넉넉한 편입니다. 실측 가슴둘레보다 25~30cm의 여유분이 있도록 넉넉하게 제작되었으며, 정사이즈 혹은 한 사이즈 작게 선택하는 것을 추천합니다.

코잡기, 겹단 뜨기

80cm 케이블을 연결한 4mm 바늘에 172 (180) 188 (188) 188 (188) 196코를 잡아줍니다. 그다음 안뜨기부터 시작하는 평면 메리야스뜨기 (안뜨기 1단, 겉뜨기 1단 반복)로 총 9단을 뜹니다. 9단을 다 뜨고 나면 안뜨기까지 뜨고 끝납니다. 겉면을 뜰 차례인 10번째 단을 뜰 때 처음 코잡은 부분에서 한 가닥씩 건져 합쳐서 뜨면서 겹단으로 만들되, 겹단으로 합치면서 아래와 같이 마커를 걸어 코를 구분해줍니다.

22 (23) 24 (24) 24 (24) 25코(왼쪽 앞판), 마커 1 걸기, 2 (2) 2 (2) 2 (2) 2코(래글런), 마커 2 걸기, 41 (43) 45 (45) 45 (45) 47코(왼쪽 소매), 마커 3 걸기, 2 (2) 2 (2) 2 (2) 2코(래글런), 마커 4 걸기, 38 (40) 42 (42) 42 (42) 44코(뒤판), 마커 5 걸기, 2 (2) 2 (2) 2 (2) 2코(래글런), 마커 6 걸기, 41 (43) 45 (45) 45 (45) 47코(오른쪽 소매), 마커 7 걸기, 2 (2) 2 (2) 2 (2) 2코(래글런), 마커 8 걸기, 22 (23) 24 (24) 24 (24) 25코(오른쪽 앞판)

목 되돌아뜨기

이제 겹단 합치기가 끝나고, 마커가 총 8개 걸려 있는 상태입니다. 계속해서 평면뜨기로 아래와 같이 뜨며 되돌아뜨기로 단차를 줍니다. 턴은 저먼 쇼트 로우(german short row) 방식을 이용합니다.

1단(안면): 마커 3까지 안뜨기, 13 (13) 14 (14) 14 (14) 15코 안뜨기, 턴

2단(겉면): 마커 3까지 겉뜨기, M1R, 마커 3 넘기기, 겉 2, 마커 4 넘기기, M1L, 마커 5까지 겉뜨기, M1R, 마커 5 넘기기, 겉 2, 마커 6 넘기기, M1L, 13 (13) 14 (14) 14 (14) 15코 겉뜨기, 턴 (4코 증가)

3단(안면): 1단에서 턴한 부분까지 안뜨기, 턴 정리, 13 (13) 14 (14) 14 (14) 15코 안뜨기, 턴

4단(겉면): 마커 3까지 겉뜨기, M1R, 마커 3 넘기기, 겉 2, 마커 4 넘기기, M1L, 마커 5까지 겉뜨기, M1R, 마커 5 넘기기, 겉 2, 마커 6 넘기기, M1L, 2단에서 턴한 부분까지 겉뜨기, 턴 정리, 13 (13) 14 (14) 14 (14) 15코 겉뜨기, 턴 (4코 증가)

5단(안면): 3단에서 턴한 부분까지 안뜨기, 턴 정리, 13 (13) 14 (14) 14 (14) 15코 안뜨기, 턴

6단(겉면): 마커 3까지 겉뜨기, M1R, 마커 3 넘기기, 겉 2, 마커 4 넘기기, M1L, 마커 5까지 겉뜨기, M1R, 마커 5 넘기기, 겉 2, 마커 6 넘기기, M1L, 4단에서 턴한 부분까지 겉뜨기, 턴 정리, 13 (13) 14 (14) 14 (14) 15코 겉뜨기, 턴 (4코 증가)

7단(안면): 마커 1까지 안뜨기(턴한 부분 만나면 정리), 6 (6) 6 (6) 6 (6) 6코 안뜨기, 턴

8단(겉면): 마커 1까지 겉뜨기, M1R, 마커 1 넘기기, 겉 2, 마커 2 넘기기, M1L, 마커 3까지 겉뜨기, M1R, 마커 3 넘기기, 겉 2, 마커 4 넘기기, M1L, 마커 5까지 겉뜨기, M1R, 마커 5 넘기기, 겉 2, 마커 6 넘기기, M1L, 마커 7까지 겉뜨기(턴한 부분 만나면 정리), M1R, 마커 7 넘기기, 겉 2, 마커 8 넘기기, M1L, 6 (6) 6 (6) 6 (6) 6코 겉뜨기, 턴 (8코 증가)

9단(안면): 7단에서 턴한 부분까지 안뜨기, 턴 정리, 6 (6) 6 (6) 6 (6) 6코 안뜨기, 턴

10단(겉면): 마커 1까지 겉뜨기, M1R, 마커 1 넘기기, 겉 2, 마커 2 넘기기, M1L, 마커 3까지 겉뜨기, M1R, 마커 3 넘기기, 겉 2, 마커 4 넘기기, M1L, 마커 5까지 겉뜨기, M1R, 마커 5 넘기기, 겉 2, 마커 6 넘기기, M1L, 마커 7까지 겉뜨기, M1R, 마커 7 넘기기, 겉 2, 마커 8 넘기기, M1L, 8단에서 턴한 부분까지 겉뜨기, 턴 정리, 6 (6) 6 (6) 6 (6) 6코 겉뜨기, 턴 (8코 증가)

11단(안면): 9단에서 턴한 부분까지 안뜨기, 턴 정리, 6 (6) 6 (6) 6 (6) 6

코 안뜨기, 턴

12단(겉면): 마커 1까지 겉뜨기, M1R, 마커 1 넘기기, 겉 2, 마커 2 넘기기, M1L, 마커 3까지 겉뜨기, M1R, 마커 3 넘기기, 겉 2, 마커 4 넘기기, M1L, 마커 5까지 겉뜨기, M1R, 마커 5 넘기기, 겉 2, 마커 6 넘기기, M1L, 마커 7까지 겉뜨기, M1R, 마커 7 넘기기, 겉 2, 마커 8 넘기기, M1L, 8단에서 턴한 부분까지 겉뜨기, 턴 정리, 6 (6) 6 (6) 6코 겉뜨기, 턴 (8코 증가)

13단(안면): 끝까지 안뜨기 (턴한 부분 만나면 정리)

14단(겉면): 래글런 마커 양쪽으로 늘림하며 끝까지 겉뜨기 (턴한 부분 만나면 정리) (8코 증가)

◇ *Point*

래글런 마커 양쪽으로 늘림: [마커까지 겉뜨기, M1R, 마커 넘기기, 겉 2, 마커 넘기기, M1L] 반복

이제 모든 턴이 끝났습니다. 이제 바늘에는 아래와 같이 코가 걸려 있습니다. /는 마커입니다.

26 (27) 28 (28) 28 (28) 29코(왼쪽 앞판) / 2코(래글런) / 52 (54) 56 (56) 56 (56) 58코(왼쪽 소매) / 2코(래글런) / 52 (54) 56 (56) 56 (56) 58코(뒤판) / 2코(래글런) / 52 (54) 56 (56) 56 (56) 58코(오른쪽 소매) / 2코(래글런) / 26 (27) 28 (28) 28 (28) 29코(오른쪽 앞판)

래글런 늘림1

아래와 같이 평면뜨기로 뜨며 원통으로 연결하기 전 래글런 늘림을 해줍니다.

1단(안면): 끝까지 안뜨기

2단(겉면): 래글런 마커 양쪽으로 늘림하며 끝까지 겉뜨기 (8코 증가)

1~2단을 총 7 (7) 7 (7) 7 (7) 7번 반복하여 각 파트별로 아래 콧수에 도달할 때까지 뜹니다.

33 (34) 35 (35) 35 (35) 36코(왼쪽 앞판)/2코(래글런)/66 (68) 70 (70) 70 (70) 72코(왼쪽 소매)/2코(래글런)/66 (68) 70 (70) 70 (70) 72코(뒤판)/2코(래글런)/66 (68) 70 (70) 70 (70) 72코(오른쪽 소매)/2코(래글런)/33 (34) 35 (35) 35 (35) 36코(오른쪽 앞판)

2단(겉면)까지 뜨고 콧수에 도달하면 안면으로 뒤집지 않은 상태에서 겉면을 바라보고 다음 단계로 진행합니다.

원통 연결, 래글런 늘림2

지금 겉면을 바라보고 있는 상태에서 실은 왼쪽 바늘 끝에서 나오고 있습니다. 이제 원통으로 연결하기 위해 실이 걸려 있는 바늘을 오른손에 잡고, 실이 걸려 있지 않은 쪽의 바늘을 왼손에 잡습니다. 오른손 바늘에 시작 마커를 걸고, 왼손 바늘에 걸려 있는 첫 코에 찔러 겉뜨기로 떠주면 편물이 원통으로 연결됩니다.

이제 다시 시작 마커로 돌아올 때까지 모든 코를 겉뜨기로 뜹니다.
그다음 아래와 같이 원통으로 뜨며 래글런 늘림을 더 진행합니다.

1단(겉면): [마커까지 겉뜨기, M1R, 마커 넘기기, 겉 2, 마커 넘기기, M1L] 4번 반복, 시작 마커까지 겉뜨기 (8코 증가)
2단(겉면): 모두 겉뜨기 (늘림 없음)

1~2단을 반복하여 각 파트별로 다음 콧수에 도달할 때까지 뜹니다. 1단 늘림까지 뜨고 아래 콧수에 도달하면 2단을 뜰 차례에 다음 단계로 넘어가서 소매 분리를 진행합니다. /표시는 마커입니다.

48 (52) 55 (57) 57 (59) 60코(왼쪽 앞판) / 2코(래글런) / 96 (104) 110 (114) 114 (118) 120코(왼쪽 소매) / 2코(래글런) / 96 (104) 110 (114) 114 (118) 120코(뒤판) / 2코(래글런) / 96 (104) 110 (114) 114 (118) 120코(오른쪽 소매) / 2코(래글런) / 48 (52) 55 (57) 57 (59) 60코(오른쪽 앞판) /

소매 분리

이제 모든 래글런 늘림이 끝났습니다. 아래와 같이 뜨며 소매를 분리해 줍니다.

마커까지 48 (52) 55 (57) 57 (59) 60코 겉뜨기(왼쪽 앞판), 마커 빼기, 2코 겉뜨기(래글런), 마커 빼기, 마커까지 96 (104) 110 (114) 114 (118) 120코 자투리 실 혹은 여분에 케이블에 쉬게 두기(왼쪽 소매), 마커 빼기, 감아코 18 (18) 20 (20) 24 (26) 30코 만들기, 2코 겉뜨기(래글런), 마커 빼기, 마커까지 96 (104) 110 (114) 114 (118) 120코 겉뜨기(뒤판), 마커 빼기, 2코 겉뜨기(래글런), 마커 빼기, 마커까지 96 (104) 110 (114) 114 (118) 120코 자투리 실 혹은 여분에 케이블에 쉬게 두기(오른쪽 소매), 마커 빼기, 감아코 18 (18) 20 (20) 24 (26) 30코 만들기, 2코 겉뜨기(래글런), 마커 빼기, 시작 마커까지 48 (52) 55 (57) 57 (59) 60코 겉뜨기(오른쪽 앞판)

이제 소매 분리가 끝나고 앞판 중심 쪽에 시작 마커가 1개 걸려 있으며 바늘에는 236 (252) 268 (276) 284 (296) 308코가 걸려 있는 상태입니다. 늘림이나 줄임 없이 겉뜨기로 뒷목 중심부터 쟀을 때 옷 길이가 46 (48) 50 (50) 52 (54) 56cm 될 때까지 혹은 원하는 길이만큼 떠줍니다. 코막음은 동영상을 참고하여 2단 아래의 가로줄과 함께 건져올려 코막음 하는 방식으로 코막음하여 끝부분이 말리지 않게 마무리합니다.

소매 뜨기

쉬게 둔 96 (104) 110 (114) 114 (118) 120코를 40cm 케이블을 연결한 4mm 바늘에 다시 끼우고, 감아코 부분에서 18 (18) 20 (20) 24 (26) 30코를 주워줍니다. 시작 마커를 걸고 늘림이나 줄임 없이 겉뜨기로 30 (30) 28 (28) 28 (26) 26단을 떠줍니다. 그다음 아래와 같이 뜨며 퍼프 소매를 만들기 위해 코를 줄여줍니다(아래 단은 딱 1단만 진행합니다).

줄임단: 시작 마커까지 모든 코 k3tog (S, M, 2XL 사이즈는 규칙에 맞지 않아 남은 2, 2, 1코를 겉뜨기로 뜹니다.)

이제 바늘에 32 (36) 38 (38) 38 (40) 40코가 걸려 있습니다. 바늘을 바꾸지 않고 10단을 겉뜨기로 뜬 후 동영상을 참고하여 코가 살아 있는 상태에서 겹단으로 안쪽에 감침질하여 마무리합니다.
반대편 소매도 동일하게 작업합니다.

끈 뜨기

끈은 4mm 바늘을 이용하여 3코 아이코드 끈 뜨기 혹은 이중 사슬뜨기 (4호 코바늘) 혹은 사슬뜨기 위에 빼뜨기 방식 중 원하는 방식을 선택하여 100cm가 될 때까지 뜹니다. 옷핀에 끈의 끝부분을 꿰어준 후 목 겹단 안쪽으로 통과시키면 완성입니다. 옷 전체적으로 퍼프가 생기도록 당겨주어 리본을 묶어줍니다.

Essay 2

✕

뜨개 잘하는 방법

✕

생각보다 나에게 '뜨개 잘하는 방법'을 물어보는 사람들이 많다. 내가 뜨개를 '잘한다'고 느꼈을 때를 떠올려보면 스스로 브리오쉬 코의 구조를 파악하고 수정 방법을 유튜브로 찍어서 올렸을 때쯤이다.

    초보자일 땐 한 코만 빠져도 세상이 무너지는 것 같은 느낌이 들었다. 회사에도 코가 빠진 상태로 사진과 함께 'ㅠㅠㅠㅠㅠㅠ'를 보내며 채팅 상담을 요청하는 경우가 정말 많다. 뜨개를 잘하려면 한 코가 빠졌을 때 한 코를 더 빠트려봐야 한다. 나의 실수 과정을 천천히 복기해야 다시 살릴 수 있다. 뜨개가 좋은 점은 다시 되돌릴 수 있다는 점이다. 재단을 해보면 가위질 한번 잘못으로 한 파트를 다 버리게 되는 경우가 있다. 하지만 뜨개는 틀려도 언제든지 다시 되살릴 수 있다.

코가 빠졌을 땐 패닉에 빠지지 말고 옆 코를 천천히 똑같은 방법으로 빠트리면서 바늘에서 빠지는 모션을 기억해뒀다가 다시 그대로 따라 하면 된다. 그렇게 하면 앞서 빠트린 코도 동일하게 다시 살릴 수 있다. 코가 아예 풀려버리면 밑에 코까지 더 풀어봐야 한다. 그래야 실이 어떻게 끼워져서 코를 만드는지 알 수 있기 때문이다.

메리야스를 중간까지 뜨다가 멈춘 뒤 내려놓고 다시 뜨기 시작할 때 왼쪽부터 뜨는지 오른쪽부터 뜨는지 어떻게 구분할 수 있느냐는 질문도 받은 적 있다. 코가 생기는 원리를 천천히 들여다본 적이 없다면 뜨는 실이 오른쪽 바늘에 있어야 하는지 왼쪽 바늘에 있어야 하는지 이해할 수 없을 것이다.

대바늘 뜨개는 아주 간단한 메커니즘이다. 실 한 가닥을 고리에 계속 통과시키며 엮어나가는 과정이다. 그 고리를 바늘 위에 살려놓고, 오른쪽에서 왼쪽으로 이동하며 실 한 가닥을 고리에 계속 통과시켜주면 된다. 평면뜨기 상황이라면 왼쪽에 있는 코들을 모두 소진하면 편물을 뒤집어 다시 왼쪽에 있는 살아 있는 코들에 실 가닥을 통과시켜주면 되고, 원통뜨기 상황에서는 나선형으로 올라가며 계속해서 오른쪽에서 왼쪽 방향으로 실 가닥을 통과시켜주면 된다.

결국 살아 있는 코와, 실 한 가닥이 순서에 따라 엮이며 만들어질 뿐이다. 뜨개가 간단한 메커니즘이라는 것을 기억해두면 두려움이 많이 사라진다. 어려워 보이는 무늬뜨기도, 레이스무늬도 결국 간단한 메커니즘을 기반으로 약간의 응용력만 추가하면 어려울 것이 없다. 무엇보다 뜨개는 속도가 정해져 있지 않다. 빠른 속도로 뜬 것과 느린 속도로 뜬 것의 결과물은 동일하다. 아무리 천천히 떠도 결과물로만 보면 뜬 속도를 알 수 없기 때문에 스스로 남들에 비해 완성이 너무 느리다고 생각할 필요도 절대 없다. 속도보다는 완주가 더 중요한 종목인 것이다.

뜨개 배움에는 끝이 없지만 뜨개 기술 자체에는 배움의 끝이 있다. 천천히 나의 속도대로 메커니즘을 이해하면서 뜨게 되면 뜨개는 언젠가 다 잘하게 된다.

Cowichan Collar Sweater

03

코위찬 칼라 스웨터

실	울 아란(1볼/100g/180m) 7 (8) 8 (8) 9 (9) 9볼, 약 670 (710) 745 (770) 810 (840) 890g
바늘	7mm, 8mm(케이블 40, 80cm)
단추	토글 단추 1쌍(떡볶이 단추 50mm, 연결 끈 각 22cm씩)
게이지	11.5코 16단(8mm 바늘, 10×10cm 메리야스뜨기)
사이즈	XS (S) M (L) XL (2XL) 3XL
가슴둘레	97 (100) 107 (111) 114 (121) 128cm
옷 길이	58 (58) 58 (58) 58 (60) 61cm (칼라 부분을 제외하고 뒷목 중심부터 쟀을 때)
샘플 사이즈	L

How to make

참고 동영상 QR 코드

코위찬 칼라 스웨터는 칼라부터 시작하는 탑다운 방식으로 제작됩니다. 칼라 옆면에서 코를 주워 래글런 늘림으로 몸통 늘림을 진행하며, 주머니는 따로 떠서 꿰매는 게 아닌 코를 빼두고 나중에 합쳐서 같이 뜨는 방식으로 완성합니다. 코를 줍거나 꿰매는 마무리 작업이 적고 실이 굵기 때문에 빠르게 완성할 수 있습니다. 스탠더드 핏으로 제작되었으며 자신의 실제 가슴둘레보다 20~25cm 크게 선택하는 것이 좋습니다. 예를 들어 실제 가슴둘레가 80cm인 사람은 이보다 20cm 더 큰 100cm에 가까운 S 사이즈(100cm), 혹은 25cm 더 큰 105cm에 가까운 M 사이즈(107cm)를 선택하는 것이 좋습니다. 평소 자주 입는 후드나 맨투맨의 가슴 단면을 확인해 사이즈를 선택해주세요.

코잡기, 칼라 뜨기

동영상을 참고하여 80cm 케이블을 연결한 8mm 바늘에 울 아란 2겹을 잡고 주디스 매직 코잡기(Judy's Magic Cast-on) 방식으로 한쪽 바늘당 4코씩 총 8코를 잡아줍니다. 그다음 아래와 같이 뜹니다.

1단(겉면): 겉 1, kfb, kfb, 겉 1
반대편 바늘에 있는 4코 자투리 실에 빼두기, 이제 빼둔 코 말고 떠진 코들로만 진행합니다.

2단(안면): 실 앞에 두고 안뜨기 방향으로 1코 거르기, 모두 겉뜨기
3단(겉면): 실 앞에 두고 안뜨기 방향으로 1코 거르기, kfb, 마지막 2코 남을 때까지 겉뜨기, kfb, 겉 1

 Point

양면이 같은 무늬로 나오기 때문에 겉면이라고 표시된 면에 마커를 걸어 겉면과 안면을 구분합니다.

2~3단을 반복하여 바늘에 걸린 코가 22코 될 때까지 뜹니다. 코 잡은 부분부터 높이를 쟀을 때 총 약 8cm가 되며, 가장자리 부분의 V자만 세면

8개의 V자가 만들어져 있습니다.

이제 더 이상 코늘림 없이 위 2단처럼만 뜨면서 가장자리 부분 V자가 40 (40) 40 (40) 40 (44) 44개 될 때까지 뜹니다. 안면까지 뜨고 다음 단은 겉면입니다. 그다음 아래와 같이 코를 줄이며 뜹니다.

1단(겉면): 실 앞에 두고 안뜨기 방향으로 1코 거르기, k2tog, 마지막 3코 남을 때까지 겉뜨기, k2tog, 겉 1
2단(안면): 실 앞에 두고 안뜨기 방향으로 1코 거르기, 모두 겉뜨기

1~2단을 반복하여 바늘에 4코 남을 때까지 뜹니다. 4코가 남으면 안면까지 뜨고 뒤집지 않고 안면을 바라본 상태에서 가장자리 V자 48 (48) 48 (48) 48 (52) 52개 부분에서 1코씩 주워줍니다(동영상 참고). 그러면 바늘에 원래 걸려 있던 4코+가장자리 V자에서 주운 48 (48) 48 (48) 48 (52) 52코가 오른쪽 바늘에 걸려 있습니다. 처음에 코를 잡고 자투리 실에 빼둔 4코를 왼쪽 바늘에 끼우고, 코를 줍던 바늘을 이용하여 4코를 겉뜨기로 떠줍니다.

이제 바늘에 4코+48 (48) 48 (48) 48 (52) 52코+4코=총 56 (56) 56 (56) 56 (60) 60코가 걸려 있습니다.

코 분배하기

이제 코를 다 줍고 칼라 기준으로 겉면을 바라보고 뜰 차례입니다. 평면뜨기로 진행합니다(헷갈리는 경우 동영상 참고). 칼라 기준으로는 겉면이지만 옷 기준으로는 안면이 될 부분입니다. 아래와 같이 뜨며 마커를 걸어줍니다.

셋업단: 실 앞에 두고 안뜨기 방향으로 1코 거르기, 겉 3, 마커 걸기, 6 (6) 6 (6) 6 (6) 6코 안뜨기(앞판), 마커 걸기, 안 2, 마커 걸기, 8 (8) 8 (8) 8 (10) 10코 안뜨기(소매), 마커 걸기, 안 2, 마커 걸기, 12 (12) 12 (12) 12 (12) 12코 안뜨기(뒤판), 마커 걸기, 안 2, 마커 걸기, 8 (8) 8 (8) 8 (10) 10코 안뜨기(소매), 마커 걸기, 안 2, 마커 걸기, 6 (6) 6 (6) 6 (6) 6코 안뜨기(앞판), 마커 걸기, 겉 4

목 셰이핑

코 분배가 끝났으면 아래와 같이 되돌아뜨기로 목 셰이핑을 해줍니다. 턴은 저먼 쇼트 로우(german short row) 방식을 이용합니다.

1단(겉면): 실 앞에 두고 안뜨기 방향으로 1코 거르기, 겉 3, 마커 넘기기, 마커까지 겉뜨기(앞판), M1R, 마커 넘기기, 겉 2, 마커 넘기기, M1L, 마커까지 겉뜨기(소매), M1R, 마커 넘기기, 겉 2, 마커 넘기기, M1L, 마커까지 겉뜨기(뒤판), M1R, 마커 넘기기, 겉 2, 마커 넘기기, M1L, 겉 4, 턴

2단(안면): 마커까지 안뜨기(소매), 마커 넘기기, 안 2, 마커 넘기기, 마커까지 안뜨기(뒤판), 마커 넘기기, 안 2, 마커 넘기기, 안 5, 턴

3단(겉면): 마커까지 겉뜨기(소매), M1R, 마커 넘기기, 겉 2, 마커 넘기기, M1L, 마커까지 겉뜨기(뒤판), M1R, 마커 넘기기, 겉 2, 마커 넘기기, M1L, 턴 다음 4코까지 겉뜨기, 턴

> *Point*
>
> 3단까지 뜨고 나면 양쪽 소매와 앞판 콧수가 1코 차이 나게 됩니다. 나중에 8단까지 뜨고 나면 양쪽 소매 콧수가 맞게 되니 콧수 차이는 신경 쓰지 않아도 됩니다.

4단(안면): 마커까지 안뜨기(소매), 마커 넘기기, 안 2, 마커 넘기기, 마커까지 안뜨기(뒤판), 마커 넘기기, 안 2, 마커 넘기기, 턴 다음 4코까지 안뜨기, 턴

5단(겉면): 마커까지 겉뜨기(소매), M1R, 마커 넘기기, 겉 2, 마커 넘기기, M1L, 마커까지 겉뜨기(뒤판), M1R, 마커 넘기기, 겉 2, 마커 넘기기, M1L, 마커까지 겉뜨기(소매, 턴한 부분 만나면 정리), M1R, 마커 넘기기, 겉 2, 마커 넘기기, M1L, 겉 3, 턴

6단(안면): 마커까지 안뜨기(앞판), 마커 넘기기, 안 2, 마커 넘기기, 마커까지 안뜨기(소매), 마커 넘기기, 안 2, 마커 넘기기, 마커까지 안뜨기(뒤판), 마커 넘기기, 안 2, 마커 넘기기, 마커까지 안뜨기(소매, 턴한 부분 만나면 정리), 마커 넘기기, 안 2, 마커 넘기기, 안 4, 턴

7단(겉면): 마커까지 겉뜨기(앞판), M1R, 마커 넘기기, 겉 2, 마커 넘기기, M1L, 마커까지 겉뜨기(소매), M1R, 마커 넘기기, 겉 2, 마커 넘기기, M1L, 마커까지 겉뜨기(뒤판), M1R, 마커 넘기기, 겉 2, 마커 넘기기, M1L,

마커까지 겉뜨기(소매), M1R, 마커 넘기기, 겉 2, 마커 넘기기, M1L, 턴 다음 3코까지 겉뜨기, 턴

8단(안면): 마커까지 안뜨기(앞판), 마커 넘기기, 안 2, 마커 넘기기, 마커까지 안뜨기(소매), 마커 넘기기, 안 2, 마커 넘기기, 마커까지 안뜨기(뒤판), 마커 넘기기, 안 2, 마커 넘기기, 마커까지 안뜨기(소매), 마커 넘기기, 안 2, 마커 넘기기, 턴 다음 3코까지 안뜨기, 턴

이제 턴이 종료되었습니다. 아래와 같이 이어서 뜹니다. 턴한 부분은 정리하면서 지나갑니다.

9단(겉면): 마커까지 겉뜨기(앞판), M1R, 마커 넘기기, 겉 2, 마커 넘기기, M1L, 마커까지 겉뜨기(소매), M1R, 마커 넘기기, 겉 2, 마커 넘기기, M1L, 마커까지 겉뜨기(뒤판), M1R, 마커 넘기기, 겉 2, 마커 넘기기, M1L, 마커까지 겉뜨기(소매), M1R, 마커 넘기기, 겉 2, 마커 넘기기, M1L, 마커까지 겉뜨기(앞판), 마커 넘기기, 겉 4

10단(안면): 실 앞에 두고 안뜨기 방향으로 1코 거르기, 겉 3, 마지막 4코 남을 때까지 안뜨기, 겉 4

이제 턴 정리까지 종료되었습니다. 지금 바늘에 걸려 있는 콧수는 아래와 같습니다. / 표시는 마커입니다. 전 사이즈의 콧수가 같을 때는 한 숫자로만 표기합니다.

4코(칼라) / 9코(앞판) / 2코(래글런) / 16 (16) 16 (16) 16 (18) 18코(소매) / 2코(래글런) / 22코(뒤판) / 2코(래글런) / 16 (16) 16 (16) 16 (18) 18코(소매) / 2코(래글런) / 9코(앞판) / 4코(칼라)

아래와 같이 이어서 뜹니다.

11단(겉면): 실 앞에 두고 안뜨기 방향으로 1코 거르기, 겉 3, 마커 넘기기, 마커까지 겉뜨기(앞판), M1R, 마커 넘기기, 겉 2, 마커 넘기기, M1L, 마커까지 겉뜨기(소매), M1R, 마커 넘기기, 겉 2, 마커 넘기기, M1L, 마커까지 겉뜨기(뒤판), M1R, 마커 넘기기, 겉 2, 마커 넘기기, M1L, 마커까지

겉뜨기(소매), M1R, 마커 넘기기, 겉 2, 마커 넘기기, M1L, 마커까지 겉뜨기(앞판), 마커 넘기기, 겉 4

12단(안면): 실 앞에 두고 안뜨기 방향으로 1코 거르기, 겉 3, 마지막 4코 남을 때까지 안뜨기, 겉 4

13단(겉면): 실 앞에 두고 안뜨기 방향으로 1코 거르기, 겉 3, 마커 넘기기, 마커까지 겉뜨기(앞판), M1R, 마커 넘기기, 겉 2, 마커 넘기기, M1L, 마커까지 겉뜨기(소매), M1R, 마커 넘기기, 겉 2, 마커 넘기기, M1L, 마커까지 겉뜨기(뒤판), M1R, 마커 넘기기, 겉 2, 마커 넘기기, M1L, 마커까지 겉뜨기(소매), M1R, 마커 넘기기, 겉 2, 마커 넘기기, M1L, 마커까지 겉뜨기(앞판), 마커 넘기기, 겉 4

14단(안면): 실 앞에 두고 안뜨기 방향으로 1코 거르기, 겉 3, 마지막 4코 남을 때까지 안뜨기, 겉 4

15단(겉면): 실 앞에 두고 안뜨기 방향으로 1코 거르기, 겉 3, 마커 넘기기, 마커까지 겉뜨기(앞판), M1R, 마커 넘기기, 겉 2, 마커 넘기기, M1L, 마커까지 겉뜨기(소매), M1R, 마커 넘기기, 겉 2, 마커 넘기기, M1L, 마커까지 겉뜨기(뒤판), M1R, 마커 넘기기, 겉 2, 마커 넘기기, M1L, 마커까지 겉뜨기(소매), M1R, 마커 넘기기, 겉 2, 마커 넘기기, M1L, 마커까지 겉뜨기(앞판), 마커 넘기기, 방금 넘긴 마커 빼기, 마지막 4코 뜨지 않고 8mm보다 작은 바늘에 옮기기, 옮긴 4코를 반대쪽 4코 뒤쪽으로 겹치게 둔 후 k2tog 4번

이제 만나는 마커가 시작 마커가 됩니다. 시작 마커 넘기기.

이제 편물이 원통으로 연결되었습니다. 이제 평면뜨기가 아닌 원통뜨기로 작업합니다. [래글런 늘림] 단계로 이동합니다.

코 분배(/는 마커입니다)
12코(왼쪽 앞판)/2코(래글런)/22 (22) 22 (22) 22 (24) 24코(왼쪽 소매)/2코(래글런)/28코(뒤판)/2코(래글런)/22 (22) 22 (22) 22 (24) 24코(오른쪽 소매)/2코(래글런)/16코(오른쪽 앞판)/시작 마커

래글런 늘림

이제 편물이 원통으로 연결된 상태입니다. 아래와 같이 뜨며 래글런 늘림을 진행합니다.

1단: 시작 마커로 돌아올 때까지 모두 겉뜨기

2단(늘림단): 시작 마커 넘기기, 마커까지 겉뜨기(앞판), M1R, 마커 넘기기, 겉 2, 마커 넘기기, M1L, 마커까지 겉뜨기(소매), M1R, 마커 넘기기, 겉 2, 마커 넘기기, M1L, 마커까지 겉뜨기(뒤판), M1R, 마커 넘기기, 겉 2, 마커 넘기기, M1L, 마커까지 겉뜨기(소매), M1R, 마커 넘기기, 겉 2, 마커 넘기기, M1L, 시작 마커까지 겉뜨기

1~2단을 반복하여 뒤판 콧수가 46 (48) 50 (52) 52 (56) 58코가 될 때까지 반복합니다.

이제 래글런 늘림이 종료되었습니다. 아래의 전체 콧수를 확인한 후 [소매 분리] 단계로 이동합니다.

코 분배(/는 마커입니다)
21 (22) 23 (24) 24 (26) 27코(왼쪽 앞판)/2코(래글런)/40 (42) 44 (46) 46 (52) 54코(왼쪽 소매)/2코(래글런)/46 (48) 50 (52) 52 (56) 58코(뒤판)/2코(래글런)/40 (42) 44 (46) 46 (52) 54코(오른쪽 소매)/2코(래글런)/25 (26) 27 (28) 28 (30) 31코(오른쪽 앞판)/시작 마커

소매 분리

아래와 같이 뜨며 몸통과 소매를 분리합니다.

시작 마커 넘기기, 시작 마커 빼기, 마커까지 겉뜨기(앞판), 마커 빼기, 겉 2, 마커 빼기, 마커까지 소매에 해당하는 코 자투리 실에 빼서 쉬게 두기, 감아코 3 (3) 4 (4) 5 (5) 6코, 새로운 시작 마커 걸기, 감아코 3 (3) 4 (4) 5 (5) 6코, 겉 2, 마커 빼기, 마커까지 겉뜨기(뒤판), 마커 빼기, 겉 2, 마커 빼기, 마커까지 소매에 해당하는 코 자투리 실에 빼서 쉬게 두기, 감아코 6 (6) 8 (8) 10 (10) 12, 겉 2, 마커 빼기, 새로운 시작 마커까지 겉뜨기

이제 바늘에 112 (116) 124 (128) 132 (140) 148코가 걸려 있습니다.

감아코를 만들어준 부분부터 셌을 때 17 (15) 13 (11) 11 (9) 9단을 겉뜨기로 뜹니다.

주머니 분리하기

몸판 감아코 부분에서부터 셀 때 18 (16) 14 (12) 12 (10) 10단 째에서 앞판 쪽에서 주머니를 위한 코를 빼둘 건데, 시작 마커 41 (42) 45 (46) 47 (50) 52코 전까지 겉뜨기로 뜹니다. 이제 주머니에 해당하는 26 (26) 28 (28) 28 (30) 30코를 자투리 실에 빼두고, 빼둔 26 (26) 28 (28) 28 (30) 30코 뒤에서 1코씩 코를 주워줍니다. 시작 마커까지 겉뜨기로 뜹니다.

그다음 주머니 코 빼둔 부분으로부터 30단(약 20cm)이 될 때까지 겉뜨기로 뜨되, 30단째에서 시작 마커까지 45 (46) 49 (50) 51 (54) 56코 남을 때까지 뜨고 멈춥니다. 원래 뜨던 실은 자르지 않고, 자투리 실에 빼놓은 주머니 코를 8mm 바늘에 끼우고 새 실을 걸고 안면부터 시작하여 아래와 같이 뜹니다. 원래 뜨던 바늘이 나의 몸을 향하도록 두고 뜨면 됩니다(동영상 참고).

> *Point*
> 주머니는 첫 코를 거르지 않고 뜹니다.

1단(안면): 겉 4, 마지막 4코 남을 때까지 안뜨기, 겉 4
2단(겉면): 모두 겉뜨기
3단(안면): 겉 4, 마지막 4코 남을 때까지 안뜨기, 겉 4
4단(겉면): 모두 겉뜨기
5단(안면): 겉 4, 마지막 4코 남을 때까지 안뜨기, 겉 4
6단(겉면): 겉 4, M1L, 마지막 4코 남을 때까지 겉뜨기, M1R, 겉 4

1~6단 총 4번(=24단) 반복한 후 1~2단을 반복하여 7단을 더 떠준 후 실을 끊어줍니다. 주머니 총 단수는 31단이 됩니다. 원래 뜨던 몸통 부분과 겹쳐서 k2tog로 합쳐 뜨고 시작 마커까지 겉뜨기합니다(동영상 참고). 7mm 바늘로 바꾸어 1코 고무뜨기(겉 1, 안 1 반복)로 고무단이 12단(약 7cm)을 떠준 후 1코 고무단 돗바늘 마무리 혹은 일반 코막음으로 마무리합니다.

주머니의 아랫부분인 1~2단을 반복하여 7단을 뜬 부분 양옆을 돗바늘로 감침질해서 몸통에 연결해줍니다. 그래야 주머니에 물건을 넣었을 때 옆으로 빠지지 않습니다(집에 있는 후드티 주머니를 참고해보세요).

소매 뜨기

40cm 케이블을 연결한 8mm 바늘에 쉬게 둔 40 (42) 44 (46) 46 (52) 54코를 끼우고 감아코를 만들어준 부분에서 3 (3) 4 (4) 5 (5) 6코를 줍고 시작 마커를 걸고 나머지 3 (3) 4 (4) 5 (5) 6코를 주워줍니다. 그다음 아래와 같이 뜹니다.

[겉뜨기 5 (5) 4 (4) 4 (3) 3단, 줄임단 1단]을 총 11 (11) 13 (13) 13 (15) 15번 반복

줄임단: k2tog, 마지막 2코 남을 때까지 겉뜨기, ssk

이제 바늘에 24 (26) 26 (28) 30 (32) 36코가 걸려 있습니다. 앞으로 떠질 고무단 7cm를 감안하여 소매가 짧다고 느껴지면 겉뜨기로 몇 단을 더 떠주고, 길다고 느껴지면 덜 떠주면 됩니다.

이제 7mm 바늘로 바꾸어 1코 고무뜨기(겉 1, 안 1 반복)로 고무단이 12단(약 7cm)을 떠준 후 1코 고무단 돗바늘 마무리 혹은 일반 코막음으로 코막음합니다.

마무리

모든 꼬리실을 정리하고 칼라 아래 겹쳐진 부분에 토글 단추를 달아 마무리합니다.

끈 달린 떡볶이 단추(토글 단추) 다는 방법은 동영상 참고.

Essay 3

✕

내 취향의 실

✕

돌고 돌아 결국 같은 실을 찾게 될 때가 많다. 4.5~5mm 사이의 바늘을 사용하는 두께의 실을 주로 찾게 된다. 3.5~4mm는 너무 얇을 것 같고, 5.5mm가 넘어가면 맞는 도안을 찾기 힘들 때가 많아서다. 게이지로 보면 20~21코 사이의 편물 느낌을 좋아한다. 너무 치밀하지도, 너무 느슨하지도 않은 조직이다. 잔털 없는 깔끔한 실은 너무 코 모양이 도드라져서 별로 좋아하지 않는다. 적당히 기모감이 있고 코와 코 사이의 경계가 적당히 흐릿한 실이 좋다.

    실의 성분은 크게 가리지 않는다. 울이 들어간 것도 좋고, 적당히 아크릴과 폴리 그리고 나일론이 섞여 내구성 있는 느낌을 주는 것도 좋다. 내가 자주 입는 옷들의 혼용률을 들여다보면 면과 아크릴 혼방이 가장 많다. 면 아크릴 혼방의 옷들은 아주 얇은 실로 뽑아 기계조직으로 치밀하게 짜면 부드러우면서도 튼튼하고 관리하기 쉬운 옷이 된다. 하지만 같은 혼방으로 적당한 굵기의 손뜨개용 실을 만들면 기모감이 없고 무거워져 옷 뜨기에는 적합하지 않은 실이 된다. 그래서 옷을 뜰 때는 울 100% 혹은 울 혼방, 캐시미어 혼방, 매끈하게 가공되지 않은 100% 면사, 적당히 기모감이 있는 리넨 혼방을 좋아한다. 가격대만 아니라면 캐시미어 100%로 옷을 한 벌 만들어 입는 게 내 작은 소원이다.

헤어감이 아주 긴 멋진 편물을 좋아하는데, 대부분 털 날림이 너무 심해서 어두운 색의 하의를 입거나 어두운 티를 받쳐 입으면 끔찍한 일이 벌어질 때가 많다. 컴플레인도 자주 들어오는 편이다. 그래서 그런 실은 좋아하지 않고 일부러 피한다.

엄마는 계속 딱딱한 편물을 별로라고 했다. 함께 다음 해 론칭할 새로운 실을 고를 때면 면사는 연사 정도가 강해서 딱딱하다고 하고, 울실은 코바늘로 뜨면 단단해져서 싫다고 한다. 같은 울실도 연사 정도나 가공법에 따라 단단한 정도가 달라서, 연사 정도가 적당하고 뜨기 편한 실을 찾는다는 건 정말로 쉽지 않은 일이다. 너무나 야들야들해서 무늬뜨기를 했을 때 축축 처지는 실을 만나면 그것대로 또 고역이다. 시간이 지나면서 무늬가 점점 울상이 되는 느낌이 들기 때문이다. 옷 뜨기 좋을 실을 찾을 땐 엄마의 말을 되새기며 갑옷처럼 단단하지 않고, 그렇다고 너무 흐르지도 않는, 적당히 탄탄하면서 표면이 부드럽고 가벼운 실 위주로 고르게 된다.

이 세상에는 가볍고 부드럽고 보풀 안 나는 실은 존재하지 않는다. 가볍고 부드러우면 보풀이 나고, 부드럽고 보풀이 안 나면 무겁다. 가볍고 보풀이 안 나면 부드럽지 않다. 만약 가볍고, 부드럽고, 보풀이 안 나는 실이 존재한다면 그건 옷을 뜨기 적합한 실이 아닐 것이다. 적당한 선에서 우선순위를 두고 실을 선택해야 한다.

나는 주로 보풀을 포기한다. 보풀이 난다는 것은 기모감이 충분하다는 것이다. 기모감이 충분하면 내가 좋아하는 적당히 흐릿한 코 표현이 된다는 뜻이다. 보풀이 나는 게 너무 싫다면 모헤어를 섞어도 좋다. 보통 모헤어는 헤어감이 길어서 보풀이 잘 일어나지 않고, 모헤어가 한 번 방어막 역할을 하기 때문에 보풀이 덜 나는 편이다. 그리고 천연 섬유 중에는 가공법에 따라 차이가 있지만 캐시미어 < 울 < 알파카 순서로 보풀이 덜 난다. 캐시미어가 가장 보풀이 많이 나고 알파카가 가장 덜 난다고 보면 된다. 흔히들 비쌀수록 보풀이 적게 나고 저렴한 실을 쓸수록 보풀이 많이 난다고 생각하는데, 이건 가격만으로 판단할 수 있는 문제가 아니다. 보풀이 많이 나는 특정 잔털 길이가 있기 때문이다.

성분보다는 편물을 봤을 때 매끈하면 보풀이 잘 안 나고, 약간의 잔털이 있으면 보풀이 제일 많이 나고, 잔털이 아예 길어서 흘러 넘치면 보풀이 덜 난다. 적당한 길이의 잔털이 서로 마찰을 일으켜서 동그랗게 뭉치는 게 보풀이기 때문이다.

좋아하는 실을 찾으려면 다양한 실을 많이 만나봐야 한다.

해외 포럼을 보면 합성섬유가 들어간 실을 무시하는 사람들을 꽤 많이 만날 수 있다. 써보기도 전에 합성섬유에 대한 선입견이 생기게 되면 다양한 실을 만져볼 기회를 놓치게 된다. 최대한 편견을 내려놓고 다양한 가격대와 다양한 혼용을 가진 실을 경험해보면서 스스로 취향에 맞고 선호하는 걸 찾아보길 권한다.

내가 가벼운 실을 좋아하는지, 어떤 두께의 실을 좋아하는지, 어떤 가공법을 좋아하는지, 어떤 원료를 좋아하는지 말이다.

Vancouver Sweater

04

밴쿠버 스웨터

실	크렘캐시울(1콘/260g/650m) 2 (2) 2 (2) 2 (2) 2 콘, 약 350 (360) 380 (400) 420 (450) 480g
바늘	4mm, 4.5mm(케이블 40, 80cm)
게이지	20코 28단(4.5mm 바늘, 10×10cm 메리야스뜨기)
사이즈	XS (S) M (L) XL (2XL) 3XL
가슴둘레	84 (90) 96 (98) 102 (114) 124cm
옷 길이	44 (45) 47 (47) 49 (51) 51cm (뒷목 중심부터 쟀을 때)
샘플 사이즈	S

참고 동영상 QR 코드

How to make

밴쿠버 스웨터는 탑다운으로 진행되는 도안입니다. 뒤판 상단부터 코를 잡아 어깨처짐을 만들어준 후, 진동 늘림하여 뒤판은 쉬게 둡니다. 앞판 한쪽 어깨에서 각각 코를 주워 라운드넥을 만들며 한 쪽씩 완성한 후, 몸통 부분에서는 앞/뒤판을 모두 연결하여 한 번에 떠줍니다. 소매 둘레에서 코를 주워 되돌아뜨기로 소매산을 만들어준 다음 소매 코를 줄이며 마무리합니다. 여유분이 있는 스타일로, 실측 가슴둘레보다 약 5cm 정도 여유 있는 정사이즈로 선택해야 어깨선이 맞습니다. 바텀업 같은 핏의 어깨선과 소매산이 특징입니다.

코잡기, 어깨처짐

80cm 케이블을 연결한 4.5mm 바늘에 일반 코잡기로 64 (68) 70 (70) 70 (76) 78코를 잡아 평면뜨기로 다음과 같이 떠줍니다.

1단(안면): 모두 안뜨기
2단(겉면): 마지막 14 (16) 17 (17) 17 (19) 20코 남을 때까지 겉뜨기, 턴
3단(안면): 14 (16) 17 (17) 17 (19) 20코 남을 때까지 안뜨기, 턴
4단(겉면): 턴 다음 2코까지 겉뜨기, 턴(동영상 참고)
5단(안면): 턴 다음 2코까지 안뜨기, 턴(동영상 참고)

4~5단을 총 6 (7) 7 (7) 7 (8) 9번 반복합니다. 2~3단에서 이루어진 턴까지 포함하여 양쪽에 7 (8) 8 (8) 8 (9) 10번의 턴이 이루어졌으며, 마지막 턴이 끝나고 양쪽에 2 (2) 3 (3) 3 (3) 2코가 남아 있습니다. 조직의 안면에서 끝나며 다음 단은 겉면입니다.

이제부터는 줄임이나 늘림 없이 메리야스뜨기(겉면에서는 전부 겉뜨기, 안면에서는 전부 안뜨기)로 코잡은 부분의 중심(턴이 이루어지지 않은 곳)부터 단수를 세었을 때 53 (53) 49 (47) 47 (43) 39단이 될 때까지 떠줍니다(아직 뒤판 완성 전입니다. 사이즈가 클수록 진동 늘림에서 단수를 많이 뜨기 때문에 단수가 사이즈에 비례하게 커지지 않습니다). 조직의 안면에서 끝나며 다음 단은 겉면입니다.

진동 늘림

이제 진동 늘림을 떠줄 차례입니다. 다음과 같이 떠줍니다.

1단(겉면): 겉 2 , M1L, 마지막 2코 남을 때까지 겉뜨기, M1R, 겉 2 (2코 증가)
2단(안면): 전부 안뜨기

위의 1~2단을 총 4 (5) 7 (8) 9 (12) 14번 반복한 뒤, 1단을 1번 더 떠줍니다. 즉, 늘림단은 총 5 (6) 8 (9) 10 (13) 15번 진행된다는 뜻입니다. 모든 사이즈는 겉면까지 뜨고 끝납니다. 바늘에 걸린 총 콧수는 74 (80) 86 (88) 90 (102) 108코가 되며 코잡은 부분의 중심 부분부터 세었을 때 62 (64) 64 (64) 66 (68) 68단이 됩니다. 이제 실을 끊고 여분의 케이블이나 자투리 실에 옮겨 쉬게 두고 앞판 오른쪽 어깨(입었을 때)를 진행합니다.

오른쪽 어깨 뜨기

이제 오른쪽 어깨(입었을 때)를 뜰 차례입니다. 뒤판 겉면을 바라보고 80cm 케이블을 연결한 4.5mm 바늘로 코잡은 부분에서 코를 주워주는데, 오른쪽 어깨 부분의 바깥에서 안쪽(어깨 끝→목 방향)으로 16 (18) 19 (19) 19 (21) 22코를 주워줍니다.

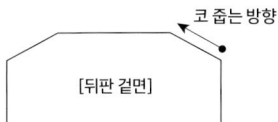

안뜨기로 1단을 떠줍니다.

단수 카운팅을 위해 아무 코 하나에 단수표시링을 달아줍니다. 다음 단은 겉면입니다. 평면뜨기로 다음과 같이 떠줍니다. 겉뜨기부터 시작하는 메리야스뜨기(겉뜨기 1단, 안뜨기 1단 반복)로 14 (14) 14 (14) 16 (16) 16단을 떠줍니다(단수표시링부터 15 (15) 15 (15) 17 (17) 17단을 뜬 것이 됩니다). 조직의 안면에서 끝납니다. 이제 목 셰이핑을 위한 늘림을 다음과 같이 떠줍니다.

1단(겉면): 마지막 2코 남을 때까지 겉뜨기, M1R, 겉 2 (1코 증가)
2단(안면): 모두 안뜨기

1~2단을 총 8 (8) 8 (8) 8 (8) 8번 반복합니다.
그다음 1단을 한 번 더 떠줍니다(총 9번의 코늘림이 진행됩니다). 이제 바늘에 25 (27) 28 (28) 28 (30) 31코가 걸려 있습니다. 실을 끊고 코를 케이블에 쉬게 둡니다.

왼쪽 어깨 뜨기

이제 왼쪽 어깨(입었을 때)를 뜰 차례입니다. 뒤판 겉면을 바라보고 오른쪽 어깨를 뜨던 오른쪽바늘을 이용하여 코잡은 부분에서 코를 주워주는데, 왼쪽 어깨 부분의 안쪽에서 바깥으로(목→어깨 끝 방향) 16 (18) 19 (19) 19 (21) 22코를 주워줍니다.

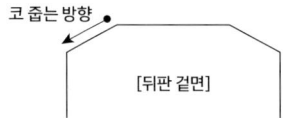

안뜨기로 1단을 떠줍니다.

단수 카운팅을 위해 아무 코 하나에 단수표시링을 달아줍니다. 다음 단은 겉면입니다. 평면뜨기로 다음과 같이 떠줍니다. 겉뜨기부터 시작하는 메리야스뜨기(겉뜨기 1단, 안뜨기 1단 반복)로 14 (14) 14 (14) 16 (16) 16단을 떠줍니다(단수표시링부터 15 (15) 15 (15) 17 (17) 17단을 뜬 것이 됩니다). 조직의 안면에서 끝납니다. 이제 목 셰이핑을 위한 늘림을 다음과 같이 떠줍니다.

1단(겉면): 겉 2, M1L, 끝까지 겉뜨기
2단(안면): 모두 안뜨기

위의 1~2단을 총 9 (9) 9 (9) 9 (9) 9번 반복합니다.
반복이 모두 끝나고 안면을 바라보고 있도록 둔 상태에서 코가 걸려 있는 오른쪽 바늘에 감아코로 14 (14) 14 (14) 14 (16) 16코를 만들어줍니다. 그다음 쉬게 둔 오른쪽 어깨에 해당하는 25 (27) 28 (28) 28 (30) 31코를 왼쪽 바늘에 끼우고 이어서 안뜨기로 떠줍니다. 이제 오른쪽과 왼쪽 앞판이 합쳐졌으며, 바늘에는 총 64 (68) 70 (70) 70 (76) 78코가 걸려있는 상태입니다. 다음 단은 겉면입니다. 어깨에 걸려 있는 단수표시링부터 세었을 때 67 (67) 63 (61) 61 (59) 55단이 될 때까지 메리야스뜨기(겉면에서는 전부 겉뜨기, 안면에서는 모두 안뜨기)로 떠줍니다.

◇ Point ◇

앞판이 뒤판보다 길어야 목 뒷고대를 살릴 수 있습니다.

앞판 진동 늘림

이제 진동 늘림을 떠줄 차례입니다. 다음과 같이 떠줍니다.

1단(겉면): 겉 2 , M1L, 마지막 2코 남을 때까지 겉뜨기, M1R, 겉 2 (2코 증가)
2단(안면): 전부 안뜨기

위의 1~2단을 총 4 (5) 7 (8) 9 (12) 14번 반복한 뒤,
1단을 1번 더 떠줍니다. 즉, 늘림단은 총 5 (6) 8 (9) 10 (13) 15번 진행된다는 뜻입니다. 모든 사이즈는 겉면까지 뜨고 끝납니다. 바늘에 걸린 앞판의 총 콧수는 74 (80) 86 (88) 90 (102) 108코가 되며 어깨 코를 주워준 단수표시링 부분부터 세었을 때 76 (78) 78 (78) 80 (84) 84단이 됩니다. 이제 실을 끊지 않고 겉면을 바라본 상태에서 다음 단계로 진행합니다.

앞/뒤판 연결하고 몸통 뜨기

지금 앞판의 진동 늘림이 모두 끝나고, 겉면까지 뜨고 겉면을 바라보고 있는 상태입니다. 코가 걸려 있는 오른쪽 바늘에 감아코로 10 (10) 10 (10) 12 (12) 16코를 만들고, 시작 마커를 걸어줍니다. 쉬게 둔 뒤판을 다시 4.5mm 바늘에 끼우고 겉면을 바라본 상태에서 이어서 모두 겉뜨기로 떠줍니다. 다시 감아코로 10 (10) 10 (10) 12 (12) 16코를 만들고, 앞판을 모두 겉뜨기로 뜬 후 시작 마커까지 겉뜨기로 떠줍니다. 이제 앞판과 뒤판이 연결되어 모두 한 바늘에 걸려 있는 상태입니다. 바늘에 걸린 총 콧수는 168 (180) 192 (196) 204 (228) 248코가 됩니다. 이제부터 뒷목 중심부터 37 (38) 40 (40) 42 (44) 44cm가 될 때까지 메리야스뜨기(모두 겉뜨기)로 떠줍니다. 지시한 길이 혹은 원하는 길이가 되면 4mm 바늘로 바꾸어 1코 고무뜨기(겉 1, 안 1 반복)로 고무단이 총 20단(약 6cm)이 될 때까지 떠줍니다. 1코 고무단 돗바늘 마무리로 코막음하여 마무리합니다.

소매 뜨기

소매는 동영상을 참고하여 양쪽 같은 방법으로 떠줍니다. 40cm 혹은 60cm 케이블을 연결한 4.5mm 바늘을 이용하여 감아코 왼쪽 부분에서 5 (5) 5 (5) 6 (6) 8코를 줍고, 마커를 걸어줍니다. 소매통의 단 부분에서 3단에 2코(2코 줍고 1코 거르기 반복)씩 주워 86 (88) 88 (88) 90 (92) 92코를 주워주고, 마커를 걸어줍니다.

다시 감아코 오른쪽 부분에서 5 (5) 5 (5) 6 (6) 8코를 주워줍니다. 그다음 클립형 단수표시링을 이용하여 감아코 양쪽에 마커를 걸어준 부분 바깥으로 38 (38) 38 (38) 38 (40) 40코를 세어서 양쪽에 각각 걸어줍니다. 소매 총 콧수는 96 (98) 98 (98) 102 (104) 108코가 됩니다. 그림으로 각각의 콧수를 표현하면 아래와 같습니다.

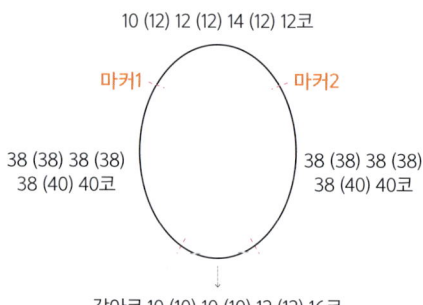

소매를 주워준 실은 자르고, 아래와 같이 떠줍니다. 턴은 저먼 쇼트 로우 (german short row) 방식을 이용합니다.

1단(겉면): 마커 1까지 뜨지 않고 코 옮기기, 새 실 걸고 마커 2까지 겉뜨기, 마커 넘기기, 겉 1, 턴(마커 2 빼기)
2단(안면): 마커 1까지 안뜨기, 마커 넘기기, 안 1, 턴(마커 1 빼기)
3단(겉면): 턴 다음 2코까지 겉뜨기, 턴
4단(안면): 턴 다음 2코까지 안뜨기, 턴

3~4단을 총 8 (8) 8 (8) 8 (9) 9번 반복합니다.
맨 처음 진행한 1~2단을 포함하여 한쪽당 총 9 (9) 9 (9) 9 (10) 10번의 턴이 이루어졌고, 코를 주워 처음 뜬 곳으로부터 세면 18 (18) 18 (18) 18 (20) 20단이 떠진 상태이며, 마지막 턴이 끝나고 겉면을 바라보고 있게 됩니다.
이제 소매 되돌아뜨기 첫 번째 파트가 끝났습니다. 그다음은 아래와 같이 뜨며 소매를 적정 콧수로 줄이며 소매산을 더 만들어줍니다.

1단(겉면): 턴한 코 직전까지 겉뜨기, 턴한 코의 매듭이 바늘 뒤로 넘어가도록 당기고 직전에 떠준 코의 크기가 줄어들도록 실 가닥을 당겨주기 (동영상 참고), 턴한 코와 그다음 코 k2tog, 겉 1, 턴
2단(안면): 턴한 코 직전까지 안뜨기, 턴한 코와 그다음 코 ssp, 안 1, 턴

> **Point**
>
> **ssp**: 2코를 차례대로 겉뜨기 방향으로 찔러 거르고, 옮겨진 2코를 차례대로 각각 안뜨기 방향으로 찔러 왼쪽 바늘로 다시 옮겨줍니다. 오른쪽 바늘을 이용하여 2코의 뒤쪽 루프에 찔러넣어 2코를 한 번에 안뜨기로 떠줍니다.

위의 1~2단을 총 8 (8) 8 (8) 8 (8) 8번 반복합니다. 이제 양쪽 턴한 코와 감아코 마커 사이에 아직 떠지지 않은 5 (5) 5 (5) 5 (5) 5코가 남아 있는 상태입니다. 이제 소매 되돌아뜨기 두 번째 파트가 끝났습니다. 그다음은 다음과 같이 뜨며 소매를 더 줄이며 소매산을 더 만들어줍니다.

이제부터는 턴(german short row) 없이 목도리 뜨듯이 뒤집어가며 떠줍니다.

1단(겉면): 턴한 코 직전까지 겉뜨기, 턴한 코의 매듭이 바늘 뒤로 넘어가도록 당기고 직전에 떠준 코의 크기가 줄어들도록 실 가닥을 당겨주기(동영상 참고), 턴한 코와 그다음 코 k2tog, 편물 뒤집기(턴 아님)

2단(안면): 실 앞에 두고 안뜨기 방향으로 1코 거르기, 턴한 코 직전까지 안뜨기, 턴한 코와 그다음 코 ssp, 편물 뒤집기(턴 아님)

3단(겉면): 실 뒤에 두고 안뜨기 방향으로 1코 거르기, 마지막 코(영상 참고) 직전까지 겉뜨기, 마지막 코와 그다음 코 ssk, 편물 뒤집기(턴 아님)

4단(안면): 실 앞에 두고 안뜨기 방향으로 1코 거르기, 마지막 코(영상 참고) 직전까지 안뜨기, 마지막 코와 그다음 코 p2tog, 편물 뒤집기(턴 아님)

3~4단을 총 3 (3) 3 (3) 3 (3) 3번 반복하여 감아코 마커 전 1코 남을 때까지 반복해줍니다. 이제 양쪽에 감아코 마커 전으로 아직 떠지지 않은 코가 1코씩만 남아 있고, 겉면을 바라보고 있는 상태입니다. 아래와 같이 뜨며 소매산을 마무리해줍니다.

3단처럼 뜬 뒤, 편물을 뒤집지 않고 감아코 구분 마커를 빼줍니다. 감아코 부분 5 (5) 5 (5) 6 (6) 8코를 겉뜨기로 뜨고 소매 원통 시작 마커를 걸고, 나머지 감아코 5 (5) 5 (5) 6 (6) 8코를 겉뜨기로 떠줍니다. 감아코 구분 마커를 빼고 감아코 부분 바로 다음 코와 그다음 코를 k2tog로 떠줍니다. 시작 마커까지 겉뜨기로 떠줍니다.

이제 바늘에 70 (72) 72 (72) 76 (78) 82코가 걸려 있습니다. 이제 소매산 만들기가 끝났습니다. 지금부터는 원통뜨기(겉뜨기)로 떠줍니다.
아래와 같이 뜨며 소매통을 줄이며 소매를 떠줍니다. 원하는 소매 길이에 따라 마지막 줄임 이후 5단 평단에서 길이를 조절하거나 줄임 횟수를 변경해도 됩니다.

9 (9) 9 (9) 9 (5) 5단 겉뜨기, [줄임단, 6 (6) 6 (6) 6 (6) 6단 겉뜨기]를 13번 반복, 줄임단 1단, 5 (5) 5 (5) 5 (5) 5단 겉뜨기

줄임단: k2tog, 마지막 2코 남을 때까지 겉뜨기, ssk

이제 바늘에 42 (44) 44 (44) 48 (50) 54코가 남아 있습니다. 4mm 바늘로 바꾸어 1코 고무뜨기(겉 1, 안 1 반복)로 고무단이 총 20단(약 6cm)이 될 때까지 떠줍니다. 1코 고무단 돗바늘 마무리로 코막음하여 마무리합니다.

목둘레 뜨기

40cm 케이블을 연결한 4mm 바늘을 이용하여 뒷목의 오른쪽 끝부분부터 코를 주워줍니다. 코 부분에서는 매 코 줍고, 단 부분에서는 3단에 2코를 주워 전체 콧수는 신경 쓰지 않고 총 콧수를 짝수로만 맞춰줍니다. 1코 고무뜨기(겉 1, 안 1 반복)로 고무단이 약 7cm가 될 때까지 뜨고 동영상을 참고하여 돗바늘 겹단 마무리로 목둘레를 겹단으로 마감해줍니다.

마무리

남은 꼬리실들을 돗바늘로 정리해줍니다.

Essay 4

✕

뜨개인과 비뜨개인

✕

나는 인터뷰 제의가 많이 들어온다. 기사 취재 같은 것 말이다. 그들은 가끔 내가 선택하는 단어를 듣고 재미있어한다. 나는 아무렇지 않게 우리를 '뜨개인'이라고 지칭하는데, 기자들은 항상 이 단어를 듣고 귀엽다는 듯이 웃는다. 그런 단어는 처음 듣는다는 뉘앙스다. 그럼 뜨개인을 뜨개인이라고 부르지 뭐라고 부르겠는가. 그러다가 문득 내가 뜨개하는 사람들과 나도 모르게 내집단을 형성하고 있다는 것을 인지하게 된다.

인터뷰를 할 때 뜨개인에게 비춰지는 고정관념이라거나 뜨개인들이 겪는 고충('나도 떠줘' 등)을 말하다가 '비뜨개인'이라는 단어를 사용하면 또 웃는다. 이번에는 귀여움보다는 약간 놀라는 느낌이다. 뜨개를 하지 않는 자신을 '비뜨개인'이라는 카테고리에 넣어보지 않아서 그랬을 것이다.

기자들은 자꾸 '뜨개가 처음인 분들께, 뜨개를 시작하고 싶은데 어려워하는 분들께 마지막으로 해주고 싶은 말!'을 묻는다. 나는 그러면 '틀려도 바늘에 찔려 죽지 않으니 그냥 해보시라'고 한다. 그들은 나의 호탕한 조언에 또 웃는다.

안 되면 안 하면 되는 거고, 되면 하면 되는 건데⋯. 이게 뭐라고 나의 격려나 조언까지 필요한 일인가 싶다. 모든 일은 직접 부딪혀보면 방법을 알게 된다. 내가 광고비를 퍼부어서 결제창 클릭을 유도하고 억지로 바늘을 쥐여줘봤자 장기적으로 이 취미에 빠져들 가능성은 매우 낮다. 그래서 그런 전략은 웬만하면 쓰지 않는다. 스스로 흥미를 느끼고 직접 자기 손으로 찾아보다가 나에게 찾아올 때까지 계속 쿨한 모습을 보여줄 것이다.

만약 아직도 옷까지는 뜨는 게 막연하게 두렵다면? 그냥 시작해보셔라. 생각보다 별거 아니었다는 걸 깨닫게 될 것이다. 그래도 잘 안 되고 재미도 없다면 빠르게 때려치우고 다른 취미를 찾으면 그만이다. 나는 밸런스를 잡는 운동은 매우 잘하지만 구기종목은 꽝이다. 사람마다 잘하는 종목이 있고 아닌 게 있다. 아무리 나에게 테니스 라켓을 쥐여준다고 한들 나는 즐겁지 않을 것이다.

바늘을 처음 잡고 아직 때려치우지 않고 이 글을 읽고 있는 당신은 나의 내집단, 우리는 뜨개인이다.

Yeonhui Vest

05

연희 베스트

실	크렘캐시울(1콘/260g/650m) 1 (1)콘, 약 220 (250)g
바늘	4.5mm(케이블 40, 80cm)
게이지	20코 28단(4.5mm 바늘, 10×10cm 메리야스뜨기)
사이즈	10세 (성인)
어깨너비(가슴 단면)	39 (43)cm (허리 끈으로 조절 가능)
옷 길이	43 (47)cm (뒷목 중심부터 쟀을 때)
샘플 사이즈	성인

How to make

참고 동영상 QR 코드

연희 베스트는 뒤판 고무단부터 코를 잡아 어깨 상단까지 코늘림이나 줄임 없이 떠준 후 어깨처짐을 만들어주고 앞판으로 내려와서 완성하는 형태입니다. 실 끊김이나 연결을 최소화한 형태로, 쉽고 간편하게 완성할 수 있습니다. 허리 끈으로 사이즈를 조절할 수 있기 때문에 어깨너비에 맞춰서 사이즈를 선택해주세요. 첫 코를 거르지 않고 울퉁불퉁한 고무단 양쪽 끝부분을 세탁으로 보완하기 때문에 세탁 매직이 큰 실(크렘캐시울 등)을 사용해주세요.

코잡기

모든 첫 코는 거르지 않습니다.

80cm 케이블을 연결한 4.5mm 바늘을 이용하여 별실(실제로 뜨는 실이 아닌 다른 색상의 비슷한 굵기의 자투리 실)로 41 (45)코를 잡아줍니다. 코를 잡은 후 별실이 아닌 실제로 뜨는 실로 겉뜨기부터 시작하여 메리야스뜨기로 3단(겉-안-겉)을 떠준 후, 동영상의 CASE 1을 참고하여 끌어올리기 고무단 방식으로 코를 끌어올려 총 79 (87)코를 만들어줍니다. 이제 겉면에서는 겉 2로 시작하여 겉 2로 끝나는 1코 고무단, 안면에서는 안 2로 시작하여 안 2로 끝나는 1코 고무단 규칙으로 세팅되었습니다. 그다음 아래와 같이 고무단을 뜹니다.

1단(겉면): 겉 2, [안 1, 겉 1]을 마지막 1코 남을 때까지 반복, 겉 1
2단(안면): 안 2, [겉 1, 안 1]을 마지막 1코 남을 때까지 반복, 안 1

◇ Point

겉면에서 모든 안뜨기를 꼬아뜨기, 안면에서 모든 겉뜨기를 꼬아뜨기로 떠주면 고무단이 가지런하게 나옵니다. 샘플은 꼬아 뜨기를 하지 않았습니다.

1~2단을 반복하여 약 6cm될 때까지 뜹니다. 안면까지 뜬 후 겉면을 뜰 차례에 다음 단계로 넘어갑니다.

뒤판 뜨기

바늘을 바꾸지 않고 계속해서 4.5mm 바늘을 이용하여 작업합니다. 고무단을 다 뜨고 겉면을 바라보고 있는 상태에서 아래와 같이 뜹니다.

1단(겉면): 겉 2, 안 1, 겉 1, 안 1, 겉 1, 안 1, 마지막 7코 남을 때까지 겉뜨기, 안 1, 겉 1, 안 1, 겉 1, 안 1, 겉 2
2단(안면): 안 2, 겉 1, 안 1, 겉 1, 안 1, 겉 1, 마지막 7코 남을 때까지 안뜨기, 겉 1, 안 1, 겉 1, 안 1, 겉 1, 안 2

1~2단을 반복하여 처음 코를 잡은 부분부터 쟀을 때 40 (44)cm가 될 때까지 뜹니다.

◇ *Point* ─────────────

전체 길이는 뒤판 길이에서만 조절이 가능하기 때문에 40 (44)cm를 기준으로 원하는 길이만큼 가감합니다. 40 (44)cm가 될 때까지 뜨면 완성 후 목 중심부터 밑단까지 길이는 43 (47)cm가 됩니다. 즉, 목표하는 완성 길이보다 3cm 짧은 길이가 될 때까지 작업하면 됩니다.

안면까지 뜬 후 겉면을 뜰 차례에 다음 단계로 넘어갑니다.

어깨처짐

현재 뒤판을 다 뜨고 겉면을 바라보고 있는 상태입니다. 아래와 같이 뜨며 어깨처짐을 진행합니다. 턴은 저먼 쇼트 로우(german short row) 방식을 이용합니다.

1단(겉면): 겉 2, 안 1, 겉 1, 안 1, 겉 1, 안 1, 마지막 **8 (8)코** 남을 때까지 겉뜨기, 턴
2단(안면): 마지막 **8 (8)코** 남을 때까지 안뜨기, 턴
3단(겉면): 마지막 **11 (12)코** 남을 때까지 겉뜨기, 턴
4단(안면): 마지막 **11 (12)코** 남을 때까지 안뜨기, 턴
5단(겉면): 마지막 **14 (16)코** 남을 때까지 겉뜨기, 턴

6단(안면): 마지막 14 (16)코 남을 때까지 안뜨기, 턴

7단(겉면): 마지막 17 (20)코 남을 때까지 겉뜨기, 턴

8단(안면): 마지막 17 (20)코 남을 때까지 안뜨기, 턴

9단(겉면): 마지막 20 (24)코 남을 때까지 겉뜨기, 턴

10단(안면): 마지막 20 (24)코 남을 때까지 안뜨기, 턴

11단(겉면): 턴 정리하며 마지막 7코 남을 때까지 겉뜨기, 안 1, 겉 1, 안 1, 겉 1, 안 1, 겉 2

12단(안면): 안 2, 겉 1, 안 1, 겉 1, 안 1, 겉 1, 턴 정리하며 마지막 7코 남을 때까지 안뜨기, 겉 1, 안 1, 겉 1, 안 1, 겉 1, 안 2

이제 턴 정리까지 마무리된 상태입니다. 뒤판 뜨기가 끝났습니다. 다음 단계로 진행합니다.

오른쪽 어깨 뜨기

현재 뒤판 어깨처짐이 마무리되고 겉면을 바라보고 있는 상태입니다. 이제부터 오른쪽 23 (27)코만을 이용하여 오른쪽 어깨를 작업하며, 나머지 뜨지 않는 56 (60)코는 케이블에 걸어둔 상태로 작업합니다. 23 (27) 코만을 이용하여 아래와 같이 뜹니다.

1단(겉면): 겉 2, 안 1, 겉 1, 안 1, 겉 1, 안 1, 겉뜨기 16 (20)코 (총 23 (27)코)

2단(안면): 마지막 7코 남을 때까지 안뜨기, 겉 1, 안 1, 겉 1, 안 1, 겉 1, 안 2

1~2단을 총 9번 반복하여 18단을 떠줍니다. 그다음 아래와 같이 반복하여 목 부분을 만들어줍니다.

1단(겉면, 늘림단): 겉 2, 안 1, 겉 1, 안 1, 겉 1, 안 1, 마지막 3코 남을 때까지 겉뜨기, M1R, 겉 3 (1코 증가)

2단(안면): 마지막 7코 남을 때까지 안뜨기, 겉 1, 안 1, 겉 1, 안 1, 겉 1, 안 2

1~2단을 총 9번 반복한 후 1단을 한 번 더 뜹니다. 즉, 총 10번의 늘림단이 진행되었고 10 (10)코가 증가되었고 바늘에 총 33 (37)코가 걸려 있습니다. 실을 끊고 케이블에 쉬게 둡니다.

왼쪽 어깨 뜨기

이제 케이블에 걸려 있던 56 (60)코 중 왼쪽에 있는 23 (27)코만을 이용하여 작업합니다. 목에 해당하는 33 (33)코는 안전핀이나 돗바늘에 자투리 실을 연결하여 코를 옮겨 쉬게 둡니다. 겉면을 바라보고 새 실을 걸고 어깨 안쪽부터 시작하여 아래와 같이 뜹니다.

1단(겉면): 마지막 7코 남을 때까지 겉뜨기, 안 1, 겉 1, 안 1, 겉 1, 안 1, 겉 2 (총 23 (27)코)
2단(안면): 안 2, 겉 1, 안 1, 겉 1, 안 1, 겉 1, 끝까지 안뜨기

1~2단을 총 9번 반복하여 18단을 떠줍니다. 그다음 아래와 같이 반복하여 목 부분을 만들어줍니다.

1단(겉면, 늘림단): 겉 3, M1L, 마지막 7코 남을 때까지 겉뜨기, 안 1, 겉 1, 안 1, 겉 1, 안 1, 겉 2 (1코 증가)
2단(안면): 안 2, 겉 1, 안 1, 겉 1, 안 1, 겉 1, 끝까지 안뜨기

1~2단을 총 10번 반복합니다. 이제 바늘에 33 (37)코가 걸려 있고 안면까지 떠진 상태입니다. 편물을 뒤집지 않고 안면을 바라본 상태에서 감아코로 13 (13)코를 만들어줍니다. 그다음 쉬게 둔 오른쪽 어깨에 해당하는 33 (37)코의 안면을 바라보고 이어서 안뜨기로 떠줍니다. 마지막 7코는 규칙에 맞게 [겉 1, 안 1, 겉 1, 안 1, 겉 1, 안 2]로 뜹니다.

이제 양쪽 어깨가 연결되었습니다. 다음 단은 겉면입니다.

앞판 뜨기

이제 바늘에 79 (87)코가 걸려 있고, 겉면을 바라보고 있는 상태입니다. 뒤판에서 처음 코를 잡은 부분부터 쟀을 때 총 83 (91)cm 혹은 원하는 길이가 될 때까지 아래 두 단을 반복합니다.

1단(겉면): 겉 2, 안 1, 겉 1, 안 1, 겉 1, 안 1, 마지막 7코 남을 때까지 겉뜨기, 안 1, 겉 1, 안 1, 겉 1, 안 1, 겉 2

2단(안면): 안 2, 겉 1, 안 1, 겉 1, 안 1, 겉 1, 마지막 7코 남을 때까지 안뜨기, 겉 1, 안 1, 겉 1, 안 1, 겉 1, 안 2

완성 길이를 가늠하기 위하여 편물을 반을 접을 때는 뒷목 부분이 어깨선보다 3cm 정도 아래로 내려오도록 접어야 합니다. 뒷목과 어깨선이 일직선이 되도록 접으면 안 됩니다(예시 사진 참고).

O 맞는 방법   X 틀린 방법

이제 앞판을 원하는 길이까지 떠주었으면 뒤판과 동일한 길이로 고무단을 작업합니다. 아래와 같이 뜹니다.

1단(겉면): 겉 2, (안 1, 겉 1)을 마지막 1코 남을 때까지 반복, 겉 1
2단(안면): 안 2, (겉 1, 안 1)을 마지막 1코 남을 때까지 반복, 안 1

◇ Point ◇

겉면에서 모든 안뜨기를 꼬아뜨기, 안면에서 모든 겉뜨기를 꼬아뜨기로 떠주면 고무단이 가지런하게 나옵니다. 샘플은 꼬아뜨기를 하지 않았습니다.

1~2단을 반복하여 고무단 길이가 6cm 될 때까지 뜬 후, 겉면을 뜰 차례에 1코 고무단 돗바늘 마무리로 코막음합니다.

◇ Point ◇

양쪽 끝이 [겉, 겉]으로 끝나는 상황에서 돗바늘 마무리하는 방법은 동영상을 참고해주세요.

목둘레 뜨기	40cm 케이블을 연결한 4.5mm 바늘을 이용하여 목부분에서 코를 주워줍니다. 안전핀이나 자투리 실에 빼둔 33 (33)코를 먼저 바늘에 끼워주고, 새 실을 걸어 목부분에서 코를 주워줍니다. 단 부분에서는 3단에 2코(2코 줍고 1코 거르기), 감아코를 만들어준 코 부분에서는 매 코 주워 총 콧수는 신경 쓰지 않고 짝수로만 맞춰줍니다. 시작 마커를 걸고 [겉 1, 안 1]을 반복하는 1코 고무뜨기로 총 2cm(6단)을 뜬 후 1코 고무단 돗바늘 마무리로 코막음합니다.

허리 끈	허리 끈은 조끼를 앞판과 뒤판이 마주보도록 고무단 끝부분을 맞추어 접은 뒤 어깨선에서 35cm 내려오는 지점에 앞판, 뒤판 양쪽에 총 네 군데에서 만들어줍니다. 4.5mm 바늘을 이용하여 겉면을 바라보고 옷의 가장자리 부분에서 1단에 1코씩 코를 줍는데, 입었을 때 기준 오른쪽 앞판과 왼쪽 뒤판은 35cm 지점에서 고무단 방향으로 내려가며 9코를 줍고, 왼쪽 앞판과 오른쪽 뒤판은 35cm 지점에서 9코를 세어서 아래쪽으로 내려간 후 목 방향으로 올라가며 9코를 주워줍니다. 코를 줍고 나면 안쪽면을 바라보고 첫 단을 뜨게됩니다. 아래와 같이 뜹니다. **1단(안면):** 안 2, 겉 1, 안 1, 겉 1, 안 1, 겉 1, 안 2 **2단(겉면):** 겉 2, 안 1, 겉 1, 안 1, 겉 1, 안 1, 겉 2 1~2단을 반복하여 코를 주운 부분으로부터 47cm가 될 때까지 떠줍니다. 겉면을 뜰 차례에 한코고무단 돗바늘 마무리로 코막음합니다. ◇ Point ◇ 양쪽 끝이 [겉, 겉]으로 끝나는 상황에서 돗바늘 마무리하는 방법은 동영상을 참고해주세요.

마무리 및 세탁	모든 꼬리실을 돗바늘로 정리해줍니다. 세탁으로 마무리할 때 양 끝 가장자리 고무단 부분과 허리끈 부분을 위아래로 쭉쭉 당겨 세탁해주어야 가장자리가 깔끔해집니다.

Essay 5

✕

5학년, 만들기를 좋아하는 친구

✕

초등학생 시절 내 용돈은 월 2만 원이었다. 그때는 컵떡볶이가 500원, 코카콜라 한 캔이 700원인 시절이었다. 초등학교 5학년 때 엄마가 재봉틀 사용하는 방법을 알려줘서 집에 있는 옷을 해체해서 센스 없는 리폼을 자주 했다. 그러다 옷을 만들어보고 싶어졌다. 패턴 카페에 가입해서 패턴을 다운로드받고 집에 있는 천으로 옷을 만들어봤다. 재밌었다. 코스프레를 좋아하지 않지만, 코스프레 카페에 무료 패턴이 제일 많고 정보도 많았기에 코스프레 옷도 몇 가지 만들었다.

 동대문 시장에 가면 T / C 원단이 가장 저렴했다. 한 마에 3천 원정도 했고 다루기도 쉬웠다. 나는 용돈을 아껴서 만 원짜리 한 장 들고 동대문 종합시장에 가는 걸 좋아했다. 엄마랑 같이 몇 번 다녀봤기에 몇 층에 뭐가 있는지는 잘 알고 있었다. 일부러 혼자 갔다. 시장 사장님들은 초등학생인 내가 혼자서 천을 사러 왔다는 걸 알면 대견하다면서 자투리 천을 챙겨주거나 엄청나게 할인을 해주었기 때문이다. 공짜로 받은 적도 더러 있었다. 어린 아이가 혼자 이런 걸 찾아다닌다는 것에 주어지는 상이 뭔지 일찌감치 알아버린 덕에 그 이점을 자주 이용했다.

초등학교 6학년때까지 거의 2년간 옷을 만들었는데, 그닥 예쁘지가 않았다. 나는 손재주만 좋은 사람인 것 같았다. 그래서 옷 만들기를 그만뒀다. 난 어릴 때부터 자기객관화가 꽤나 잘 되어 있었다. 그때까지도 뜨개는 나의 관심사가 전혀 아니었다. 초등학교 2학년 때 코바늘 인형으로 뜨개에 첫 입문을 했기 때문인지, 뜨개로 옷을 만들 수 있을 거라는 생각을 전혀 하지 못했던 것 같다. 인형을 여러 개 완성하고 뜨개에 질려버린 초등학교 2학년을 끝으로 스물 네 살까지 단 한 번도 뜨개에 관심을 가져본 적이 없었다.

그러다 탑다운으로 옷을 한번 완성해보고 난 후 재봉틀 말고 바늘 2개로도 옷을 만들 수 있다는 사실에 꽤나 놀랐다. 물론 재봉틀로 만드는 것보다는 시간이 오래 걸렸지만, 기존 패턴을 구입해서 만들어도 제도, 재단, 재봉, 가봉을 거쳐야 완성되는 재봉틀 옷과 달리, 그대로 패턴을 따라 두 손을 움직이면 옷이 완성되는 뜨개옷 만들기에 순식간에 매료되었다. 나의 어릴 적 열정을 다시 되찾았다. 여러 패턴을 구입해서 떠보고, 구조를 파악하며 푹 빠져들었다.

아마 재봉틀로 옷을 하나라도 만들어본 사람만이 알 것이다. 초보인 내가 만들 수 있는 옷이 얼마나 엉성한지. 하지만 뜨개는 달랐다. 뜨개는 나를 두 팔 벌려 반겨주었다. 처음 만든 옷부터 꽤나 만족스러웠고, 다음 그다음 옷을 거듭할수록 눈에 띄게 실력이 늘었다. 내가 아무리 미적 감각이나 센스가 없어도 도안만 잘 고르면 완성품은 어디에 내놔도 부끄럽지 않을 만큼 멋졌다. 취미를 2년 이상 지속하지 못하는 나였음에도 뜨개는 7년 동안이나 함께할 수 있었던 이유다.

어릴 때부터 난 무언가 만드는 걸 정말 좋아했다. 단지 나에게 맞는 툴을 찾는 데에 24년이 걸린 것 같다. 이제 나와 평생 함께할 친구가 생겨 기쁘다. 엄마와 함께 즐길 수 있다는 점도.

06

빙봉 스웨터

실	피그먼트울(1콘/260g/600m) 3 (3) 3 (3) 3콘, 약 530 (545) 560 (580) 600g (S 사이즈까지는 몸통 기장 조절하여 2콘으로 가능)
바늘	4.5mm(케이블 40, 80cm)
게이지	20코 26단(4.5mm 바늘, 10×10cm 메리야스뜨기)
사이즈	XS (S) M (L) XL
가슴둘레	110 (115) 122 (130) 140cm
옷 길이	58 (60) 60 (61) 62cm (뒷목 중심부터 쟀을 때)
샘플 사이즈	가드닝 색상 – M, 모네블루 색상 – XS

How to make

참고 동영상 QR 코드

빙봉 스웨터는 어깨를 넓게 잡고 진동으로 갈수록 코가 좁아지는 구조로, 진동 부분에서 소매산을 만들어주기 때문에 소매를 뜰 때는 별도로 소매산을 만들어주지 않고도 어깨 핏을 살려주는 형태로 디자인되었습니다. 오버사이즈 핏으로 제작되었으며 자신의 실제 가슴둘레보다 40cm 크게 선택하는 것이 좋습니다. 예를 들어 실제 가슴둘레가 80cm인 사람은 이보다 40cm 더 큰 120cm, 즉 M 사이즈를 선택하는 것이 좋습니다. 사이즈가 매우 넉넉하므로 너무 큰 사이즈를 선택하지 않도록 주의해주세요.

코잡기

80cm 줄바늘을 연결한 4.5mm 바늘에 120 (126) 126 (132) 138코를 잡아줍니다. 그다음 아래와 같이 뜹니다. 턴은 저먼 쇼트 로우(german short row) 방식을 이용합니다.

1단(안면): 모두 안뜨기
2단(겉면): 마지막 44 (47) 47 (50) 53코 남을 때까지 겉뜨기, 턴
3단(안면): 마지막 44 (47) 47 (50) 53코 남을 때까지 안뜨기, 턴
4단(겉면): 턴 다음 3코까지 겉뜨기, 턴
5단(안면): 턴 다음 3코까지 안뜨기, 턴

4~5단을 총 14 (15) 15 (16) 17번 반복하여 마지막 턴 다음으로 양쪽에 2코씩 남아 있을 때까지 뜹니다.

마지막 턴이 끝나면 겉면을 바라보고 있게 됩니다. 겉뜨기로 끝까지 뜹니다(맨 끝에서 만나는 턴도 정리하며 끝까지 뜹니다). 이제 아래와 같이 뜨며 진동 줄임을 시작합니다(첫 번째 안면에서 턴을 만나면 정리하며 뜹니다).

1단(안면): 모두 안뜨기
2단(겉면): 모두 겉뜨기

3단(안면): 모두 안뜨기
4단(겉면): 모두 겉뜨기
5단(안면): 모두 안뜨기
6단(겉면, 줄임단): 겉 2, ssk, 마지막 4코 남을 때까지 겉뜨기, k2tog, 겉 2

1~6단을 총 6회 반복합니다.
그다음 1~5단까지만 뜹니다. 즉, 총 6번의 줄임단이 떠졌고 마지막 줄임 이후 5단이 더 떠진 상태입니다. 이제 바늘에 108 (114) 114 (120) 126코가 걸려 있는 상태입니다. 안면까지 뜨고 끝나며 실을 끊고 케이블에 코를 쉬게 둡니다.

오른쪽 어깨 뜨기

80cm 줄바늘을 연결한 4.5mm 바늘을 이용하여 뒤판 겉면을 바라본 상태에서 바깥쪽에서 안쪽 방향(어깨→목)으로 45 (48) 48 (51) 54코를 주워줍니다. 먼저 안뜨기로 1단을 뜨고 단수 카운팅을 위해 단수표시링을 걸어 표시를 해둡니다. 이제 처음에 떠준 안뜨기 단을 포함하여 총 15 (15) 15 (15) 15단을 메리야스뜨기(겉면에서는 겉뜨기 1단, 안면에서는 안뜨기 1단)로 떠줍니다. 안면에서 끝나며 다음 단은 겉면입니다. 이제 목 늘림을 해줄 차례입니다. 다음과 같이 떠줍니다.

1단(겉면): 마지막 2코 남을 때까지 겉뜨기, M1R, 겉 2
2단(안면): 끝까지 안뜨기

1~2단을 총 7 (7) 7 (7) 7번 반복한 후, 1단을 1번 더 떠줍니다(총 8번 늘림을 하게 됩니다). 바늘에 걸린 콧수는 총 53 (56) 56 (59) 62코입니다. 실을 자른 후 케이블에 코를 쉬게 둡니다.

왼쪽 어깨 뜨기

80cm 줄바늘을 연결한 4.5mm 바늘을 이용하여 뒤판 겉면을 바라본 상태에서 안쪽에서 바깥쪽 방향(목→어깨)으로 45 (48) 48 (51) 54코를 주워줍니다. 먼저 안뜨기로 1단을 뜨고 단수 카운팅을 위해 단수표시링을 걸어 표시를 해둡니다. 이제 처음에 떠준 안뜨기 단을 포함하여 총 15 (15) 15 (15) 15단을 메리야스뜨기(겉면에서는 겉뜨기 1단, 안면에서는 안뜨기 1단)로 떠줍니다. 안면에서 끝나며 다음 단은 겉면입니다. 이제 목 늘림을 해줄 차례입니다. 다음과 같이 떠줍니다.

1단(겉면): 겉 2, M1L, 끝까지 겉뜨기
2단(안면): 끝까지 안뜨기

1~2단을 총 8 (8) 8 (8) 8번 반복합니다. 바늘에 걸린 콧수는 총 53 (56) 56 (59) 62코입니다. 안면까지 뜬 상태입니다. 이제 뒤집지 않은 상태에서 코가 걸려 있는 바늘에 감아코로 14 (14) 14 (14) 14코를 만들어줍니다. 그다음 쉬게 둔 오른쪽 어깨를 다시 빈 바늘에 끼우고, 안뜨기로 이어서 쭉 떠줍니다. 이제 목 셰이핑이 끝나고 오른쪽 어깨와 왼쪽 어깨가 합쳐진 상태입니다. 다음 단은 겉면입니다.

이제부터 메리야스뜨기(겉면에서는 겉뜨기 1단, 안면에서는 안뜨기 1단)로 단수 카운팅을 위해 걸어둔 부분부터 셌을 때 총 49 (51) 51 (53) 55단이 될 때까지 떠줍니다. 다음 단은 겉면입니다. 이제 아래와 같이 뜨며 뒤판과 동일하게 진동 줄임을 시작합니다.

1단(겉면, 줄임단): 겉 2, ssk, 마지막 4코 남을 때까지 겉뜨기, k2tog, 겉 2
2단(안면): 모두 안뜨기
3단(겉면): 모두 겉뜨기
4단(안면): 모두 안뜨기
5단(겉면): 모두 겉뜨기
6단(안면): 모두 안뜨기

1~6단까지 총 6번 반복하되, 마지막 6번째 반복에서는 5단(겉면)까지만

뜹니다. 즉, 총 6번의 줄임단이 떠졌고 마지막 줄임 이후 4단이 더 떠진 상태입니다. 겉면까지 뜨고 끝이 났으면 편물을 뒤집지 않고 바로 다음 단계로 진행합니다.

몸통 뜨기

이제 앞판과 뒤판이 다 떠진 상태이며, 케이블에는 뒤판 코들이 걸려 있는 상태입니다. 앞판 겉면까지 다 뜬 상태에서 뒤집지 않은 채로 오른쪽 바늘에 감아코로 6 (6) 8 (10) 12코를 만들고 시작 마커를 걸어줍니다. 바로 이어서 쉬게 두었던 뒤판 코를 모두 겉뜨기로 1단 떠준 후, 뒤집지 않은 채로 감아코로 6 (6) 8 (10) 12코를 만들고 앞판에 걸린 코들도 이어서 시작 마커까지 겉뜨기로 떠줍니다. 이제부터 평면뜨기가 아닌 원통뜨기로 몸통을 작업하게 되며 계속 겉뜨기로만 작업합니다.

이제 바늘에 걸린 총 콧수는 228 (240) 244 (260) 276코입니다. 감아코를 만들어준 부분부터 쟀을 때 28cm가 될 때까지 혹은 입어보면서 원하는 길이만큼 메리야스뜨기(시작 마커까지 겉뜨기 반복)로 떠줍니다. 그다음 바늘을 바꾸지 않고 그대로 4.5mm 바늘을 이용하여 아래와 같이 2코 고무단을 뜹니다.

2코 고무단(겉면): 시작 마커까지 [겉 2, 안 2] 반복

위 고무단을 약 7cm가량 떠준 후, 동영상을 참고하여 마지막 단에 겉뜨기와 안뜨기 자리를 바꿔 1코 고무단으로 만들어준 후 1코 고무단 돗바늘 마무리로 코막음합니다.

소매 뜨기

40cm 케이블을 연결한 4.5mm 바늘을 이용하여 감아코로 6 (6) 8 (10) 12코를 만들어준 부분의 중간 부분부터 3 (3) 4 (5) 6코를 줍고, 단 부분에서는 3단마다 2코를 주워줍니다(2코 줍고 1단 거르기). 다시 감아코 부분에서 3 (3) 4 (5) 6코를 줍고 시작 마커를 걸어줍니다. 소매 콧수는 대략 92 (94) 96 (98) 102코가 됩니다. 코를 다 줍고 나면 아래와 같이 소매 코를 줄이며 떠줍니다.

◇ Point ◇

줍는 사람마다 콧수는 약간씩 차이가 날 수 있으며, 1~2코 정도의 차이는 맞추지 않고 진행해도 괜찮습니다.

1~9단(겉면): 시작 마커까지 겉뜨기
10단(겉면, 줄임단): k2tog, 마지막 2코 남을 때까지 겉뜨기, ssk

1~10단을 총 10 (11) 10 (11) 11번 반복해줍니다(사이즈와 비례하게 숫자가 증가하거나 감소하지 않습니다). 그다음 겉뜨기로 10 (2) 10 (2) 2단을 더 떠줍니다(사이즈와 비례하게 숫자가 증가하거나 감소하지 않습니다). 이제 바늘에 72 (72) 76 (76) 80코가 걸려 있습니다.
그다음 바늘을 바꾸지 않고 그대로 4.5mm 바늘을 이용하여 아래와 같이 2코 고무단을 뜹니다.

2코 고무단(겉면): 시작 마커까지 [겉 2, 안 2] 반복

위 고무단을 약 7cm(약 20단)가량 떠준 후, 동영상을 참고하여 마지막 단에 겉뜨기와 안뜨기 자리를 바꿔 1코 고무단으로 만들어준 후 1코 고무단 돗바늘 마무리로 코막음합니다.

목둘레 뜨기

목에서 코를 주울 때는 전체 콧수는 신경 쓰지 않고, 40cm 케이블을 연결한 4.5mm 바늘을 이용하여 뒷목 부분에서는 매 코 줍고, 앞목 감아 코 만들어준 부분 가기전까지는 2코 줍고 1번 걸러 주워줍니다. 4의 배수에 맞추어야 2코 고무단을 뜰 수 있으므로 총 콧수가 4의 배수가 되도록 유동적으로 조절하며 코를 주워줍니다. 코를 다 주워주었으면 시작 마커를 걸고 다음과 같이 떠줍니다.

2코 고무단(겉면): 시작 마커까지 [겉 2, 안 2] 반복

위 고무단을 약 3cm(약 9단)가량 떠준 후, 동영상을 참고하여 마지막 단에 겉뜨기와 안뜨기 자리를 바꿔 1코 고무단으로 만들어순 후 1코 고무단 돗바늘 마무리로 코막음합니다.

Essay 6

✕

0과 1로 만들어진 뜨개 세상

✕

고3 때 잠시 아이돌 그룹 엑소를 좋아했다. 엑소의 히트곡인 〈으르렁〉 이전에 데뷔 곡인 〈마마〉라는 명곡이 있다. 기승전결이 명확하고 생각할 거리가 많은 노래인데 랩 파트 중에 '0과 1로 만들어진 디지털 세상에 갇혀'라는 가사가 있다. 어느 날 뜨개를 하다가 문득 이 가사가 떠올랐다. 그러고 보니 뜨개도 사실 겉뜨기와 안뜨기만으로 이루어진 이진법 세상이었다. 수많은 복잡한 코드로 이루어진 디지털 세계도 사실 이진법인 0과 1의 집합체로 이루어져 있는 것처럼, 뜨개도 똑같다.

겉뜨기와 안뜨기의 배열에 따라 수많은 무늬 규칙이 형성되고, 같은 겉뜨기라도 위치를 바꿔주면 꽈배기가 된다. 같은 겉뜨기에 색을 바꾸기만 하면 배색뜨기가 되고, 한 자리에 겉뜨기도 안뜨기도 아닌 바늘비우기를 해주면 다음 줄에 새로운 자리가 나타난다. 어떤 단에 자리와 자리 사이에 코늘림을 해주면 다음 단에 새로운 자리가 생겨난다. 한 칸 한 칸, 한 줄 한 줄, 행과 열로 이루어져 다음 줄에서 논리에 맞지 않으면 구멍이라는 오류 값으로 변환된다. 매우 논리적이다.

가끔 복잡한 무늬 도안을 선보이면 사람들은 자꾸 내게 "초보자인데 할 수 있을까요"라고 질문한다. 그냥 하면 된다고 몇 번을 알려줘도 계속 물어본다. 아무리 복잡해 보여도 결국 겉뜨기랑 안뜨기밖에 없다. 0과 1로 이루어진 디지털 세상처럼, 뜨개도 그저 겉뜨기와 안뜨기로만 이루어진 단순한 스위치의 집합체일 뿐이다. 뜨개로 무언갈 만드는 데에 사실 딱 두 가지만 필요하다는 사실을 알면 무서울 게 없다.

우리가 만드는 멋진 꽈배기 스웨터도 사실 겉뜨기와 안뜨기로만 이루어져 있답니다.

Flatberry Sweater

07

플랫베리 스웨터

실	패션아란(1볼/400g/800m) 2 (2) 2 (2)볼, 약 620 (645) 670 (690)g
바늘	5mm, 4.5mm(케이블 40, 80cm)
게이지	17코 26단(5mm 바늘, 10×10cm 무늬 1[2코 멍석])
	42코 28단(5mm 바늘, 18.5cm×10cm 무늬 2[교차 뜨기+다이아몬드 1무늬+교차뜨기])
사이즈	L (XL) 2XL (3XL)
가슴둘레	112 (116) 120 (123)cm
옷 길이	60 (60) 60 (60)cm (뒷목 중심부터 쟀을 때)
샘플 사이즈	2XL

How to make

참고 동영상 QR 코드

뒤판 상단부터 시작하여 양쪽 어깨를 만들어준 후 몸통을 연결해서 원통으로 떠내려가는 형식으로 제작되는 탑다운 방식의 드롭숄더 아란무늬 스웨터입니다. 어깨를 넓게 잡고 진동으로 갈수록 코가 좁아지는 구조로, 진동 부분에서 소매산을 만들어주기 때문에 소매를 뜰 때 별도로 소매산을 만들지 않고도 어깨 핏을 살려주는 형태로 디자인되었습니다. 오버사이즈 핏으로 제작되었으며 자신의 실제 가슴둘레보다 30~35cm 크게 선택하는 것이 좋습니다. 예를 들어 실제 가슴둘레가 80cm인 사람은 이보다 30cm 더 큰 110cm에 가까운 L 사이즈(112cm), 혹은 35cm 더 큰 115cm에 가까운 XL 사이즈(116cm)를 선택하는 것이 좋습니다. 평소 자주 입는 넉넉한 스웨터의 가슴 단면을 확인해 사이즈를 선택해주세요.

게이지 안내 사항

무늬 2 게이지는 양쪽에 시접 여유를 두고 뜬 게이지 편물에서 무늬 부분만을 쟀을 때 18.5cm 가까이 나오도록 바늘 사이즈를 조절하거나 실 굵기를 조절하여 게이지를 맞춰주면 됩니다.

코잡기, 뒤판 뜨기

80cm 케이블을 연결한 5mm 바늘에 128 (132) 136 (136)코를 잡고 기호 도안을 참고하여 뒤판을 뜹니다. 아래 사항들을 숙지하며 뜨면 좋습니다.

- 1단(홀수단)은 안면이며 도안의 왼쪽에서 오른쪽 방향으로, 보이는 기호의 반대로 읽습니다.
- 2단(짝수단)은 겉면이며 도안의 오른쪽에서 왼쪽 방향으로, 보이는 기호 그대로 읽습니다.
- 모든 교차 무늬는 겉면에서만 이루어집니다.
- 줄임은 양쪽 모두 맨 끝에서, 겉면에서 줄입니다.
- 기호 도안에 표시된 뒤판 마지막 단까지 뜨고 실을 끊고 케이블에 코를 쉬게 둡니다.

앞판 오른쪽 어깨 뜨기

5mm 바늘을 이용하여 뒤판 겉면을 바라보고 입었을 때 기준으로 오른쪽 어깨 부분에서 어깨 끝에서 목 방향으로 52 (54) 55 (55)코를 주워줍니다. 기호 도안을 참고하여 도안의 28 (28) 28 (28)단(겉면)까지 뜨고 실을 끊고 케이블에 코를 쉬게 둡니다.

앞판 왼쪽 어깨 뜨기

5mm 바늘을 이용하여 뒤판 겉면을 바라보고 입었을 때 기준으로 왼쪽 어깨 부분에서 목에서 어깨 끝 방향으로 52 (54) 55 (55)코를 주워줍니다. 기호 도안을 참고하여 도안의 29 (29) 29 (29)단(안면)까지 뜨고 편물을 뒤집지 않은 상태에서 감아코로 8 (8) 8 (8)코를 만들고 쉬게 둔 오른쪽 앞판의 안면을 바라보고 이어서 무늬에 맞춰 떠줍니다.

**앞판 완성하고
뒤판과 연결하기**

이제 오른쪽과 왼쪽 어깨가 합쳐지고 목 부분이 완성되었습니다. 기호 도안을 참고하여 72 (76) 76 (76)단까지 뜨고 편물을 뒤집지 않은 상태에서 감아코 4 (4) 4 (8)코를 만들고 쉬게 둔 뒤판의 겉면을 바라보고 이어서 무늬에 맞춰 뒤판 끝까지 떠줍니다. 감아코 3 (3) 3 (5)코를 만들고 시작 마커를 걸고 나머지 감아코 1 (1) 1 (3)코를 더 만들어준 다음 앞판 무늬에 맞춰 이어서 떠줍니다. 이제 앞판과 뒤판이 연결되었습니다. 시작 마커로 돌아올 때까지 무늬에 맞춰 뜨되, 이제부터 원통으로 떠지기 때문에 연결하고 뜨는 첫 번째 단은 평면뜨기 기준으로 안면을 뜰 차례이며, 교차 무늬를 하지 않고 이전 단에서 만들어준 무늬에 맞춰서만 뜨면 됩니다.

몸통 뜨기

이제부터 몸통은 원통뜨기로 진행합니다. 도안을 읽을 때는 계속해서 오른쪽에서 왼쪽 방향으로만 보면서 보이는 기호 그대로 읽습니다. 몸통 부분은 기존에 떠오던 무늬를 유지하며 떠주기 때문에 전체 차트 대신 반복 무늬 차트를 참고하여 원하는 길이만큼 무늬를 반복하여 뜨면 됩니다. 샘플은 앞판 기준으로 '다이아몬드 반 개+다이아몬드 4개+다이아몬드 반 개'까지 뜨고 고무단으로 진행하였습니다. 원하는 길이만큼 뜨고 나면 4.5mm 바늘로 바꾸어 1코 고무뜨기(겉 1, 안 1 반복)로 총 19단(약 6cm)을 뜨고 1코 고무단 돗바늘 마무리로 코막음합니다.

소매 뜨기

40cm 케이블을 연결한 5mm 바늘을 이용하여 소매 둘레에서 코를 주워줍니다. 3단에 2코씩(2코 줍고 1단 거르기) 주워주는데, 2코 멍석이기 때문에 줍는 것이 까다로울 수 있으니 주의해서 둘레에서 78 (84) 84 (84)코를 주워줍니다. 감아코 부분에서는 2 (2) 2 (4)코를 줍고 시작 마커를 걸고 나머지 2 (2) 2 (4)코를 주워 총 82 (88) 88 (92)코를 주워줍니다.

이제 소매 기호 도안을 참고하여 뜹니다.
도안을 읽을 때는 계속해서 오른쪽에서 왼쪽 방향으로만 보면서 보이는 기호 그대로 읽습니다. 기호 도안대로 뜨며 고무단을 들어가기 전에 무늬 사이사이에서 줄여주는 부분은 상황에 따라 안뜨기 2코인 부분은 p2tog로, 겉뜨기 2코인 부분은 k2tog로, 겉뜨기와 안뜨기가 섞인 부분은 k2tog로 줄여줍니다. 4.5mm 바늘로 바꾸어 1코 고무뜨기(겉 1, 안 1 반복)로 총 19단(약 6cm)을 뜨고 1코 고무단 돗바늘 마무리로 코막음합니다.

목둘레 뜨기

40cm 케이블을 연결한 4.5mm 바늘을 이용하여 목둘레 부분에서 코를 주워줍니다. 뒷목의 코 부분과 앞목의 코 부분에서는 매 코 줍고, 목의 단 부분에서는 3단에 2코씩 주워 전체 콧수는 신경 쓰지 않고 총 콧수를 짝수로 맞춰줍니다. 1코 고무뜨기(겉 1, 안 1 반복)로 총 약 9cm가 될 때까지 뜨고 동영상을 참고하여 목 안쪽에 돗바늘로 마무리합니다.

L (뒤판)

※ 차트 도안은 QR코드에서 확인할 수 있습니다.

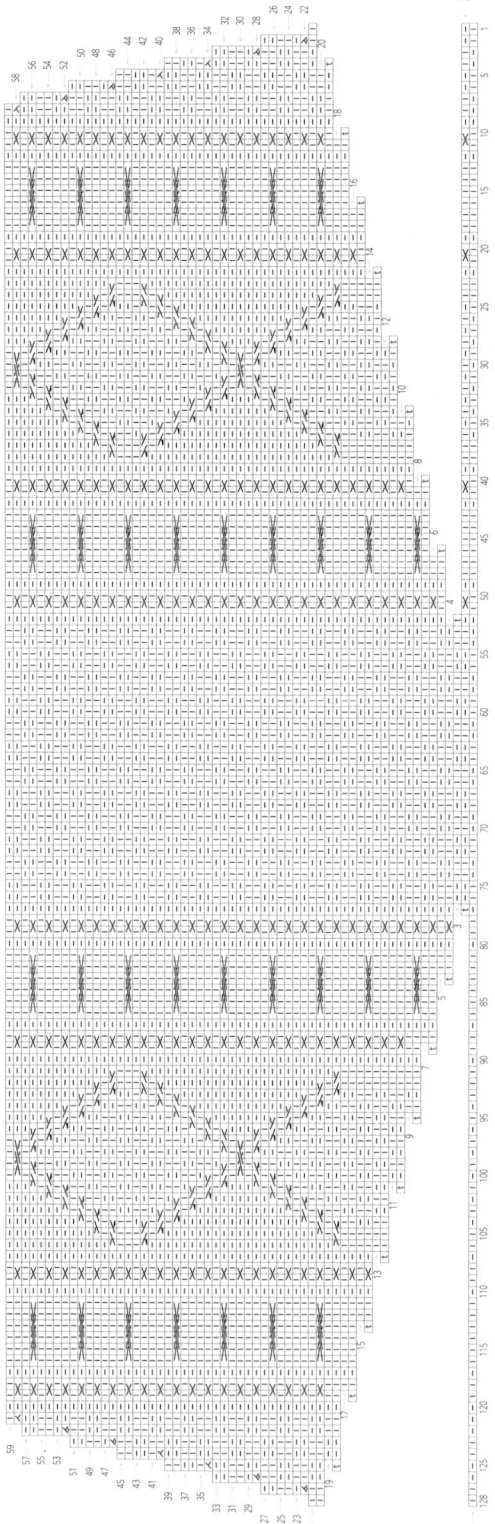

- | = 겉뜨기
- — = 안뜨기
- ⋋ = ssk
- ⋌ = k2tog
- ⊰ = p2tog
- ⌒ = 감아코
- t = 턴(German Short Row)
- ✕ = 왼코 위 교차뜨기
- ⋊⋋ = 왼코 위 2코 교차뜨기(오른코 1코 겉뜨기)
- ⋊⋌ = 왼코 위 2코 교차뜨기(오른코 1코 안뜨기)
- ⋊⋋ = 왼코 위 2코 교차뜨기
- ⋊⋋⋋ = 왼코 위 3코 교차뜨기
- ⋌⋊ = 오른코 위 2코 교차뜨기(왼코 1코 겉뜨기)
- ⋌⋊ = 오른코 위 2코 교차뜨기(왼코 1코 안뜨기)

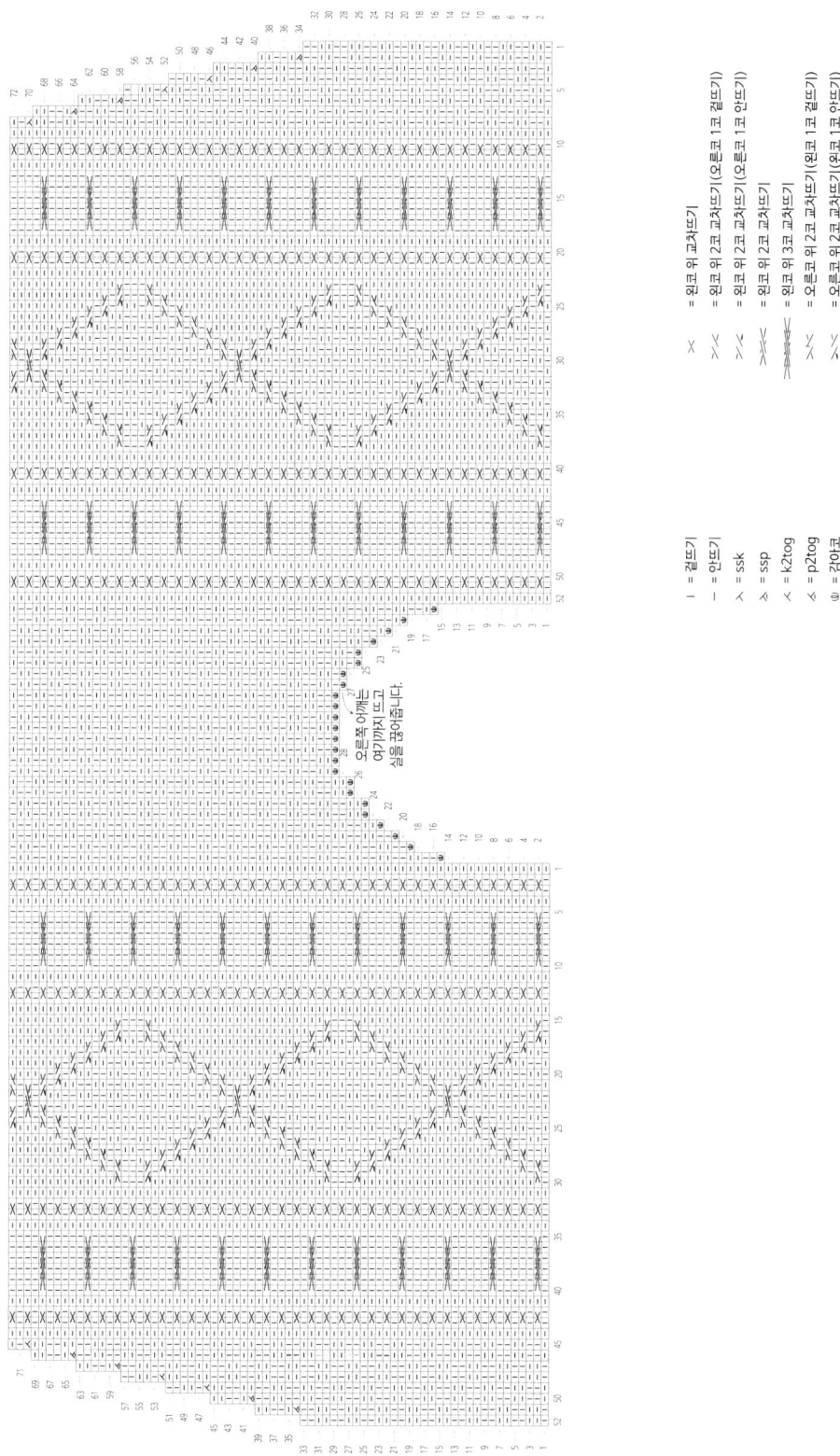

L(소매)

―	= 겉뜨기
―	= 안뜨기
⋏	= ssk
⋏	= k2tog
⋏	= p2tog
⋋⋌	= 왼코 위 교차뜨기
⋋⋌	= 왼코 위 2코 교차뜨기(오른코 1코 겉뜨기)
⋋⋌	= 왼코 위 2코 교차뜨기(오른코 1코 안뜨기)
⋋⋌	= 왼코 위 2코 교차뜨기
⋋⋌	= 왼코 위 3코 교차뜨기
⋋⋌	= 오른코 위 2코 교차뜨기(왼코 1코 겉뜨기)
⋋⋌	= 오른코 위 2코 교차뜨기(왼코 1코 안뜨기)

* 원통뜨기로 떠줍니다.
* 갖아 코에서 코 주운 부분
* 이미 코가 주워진 부분

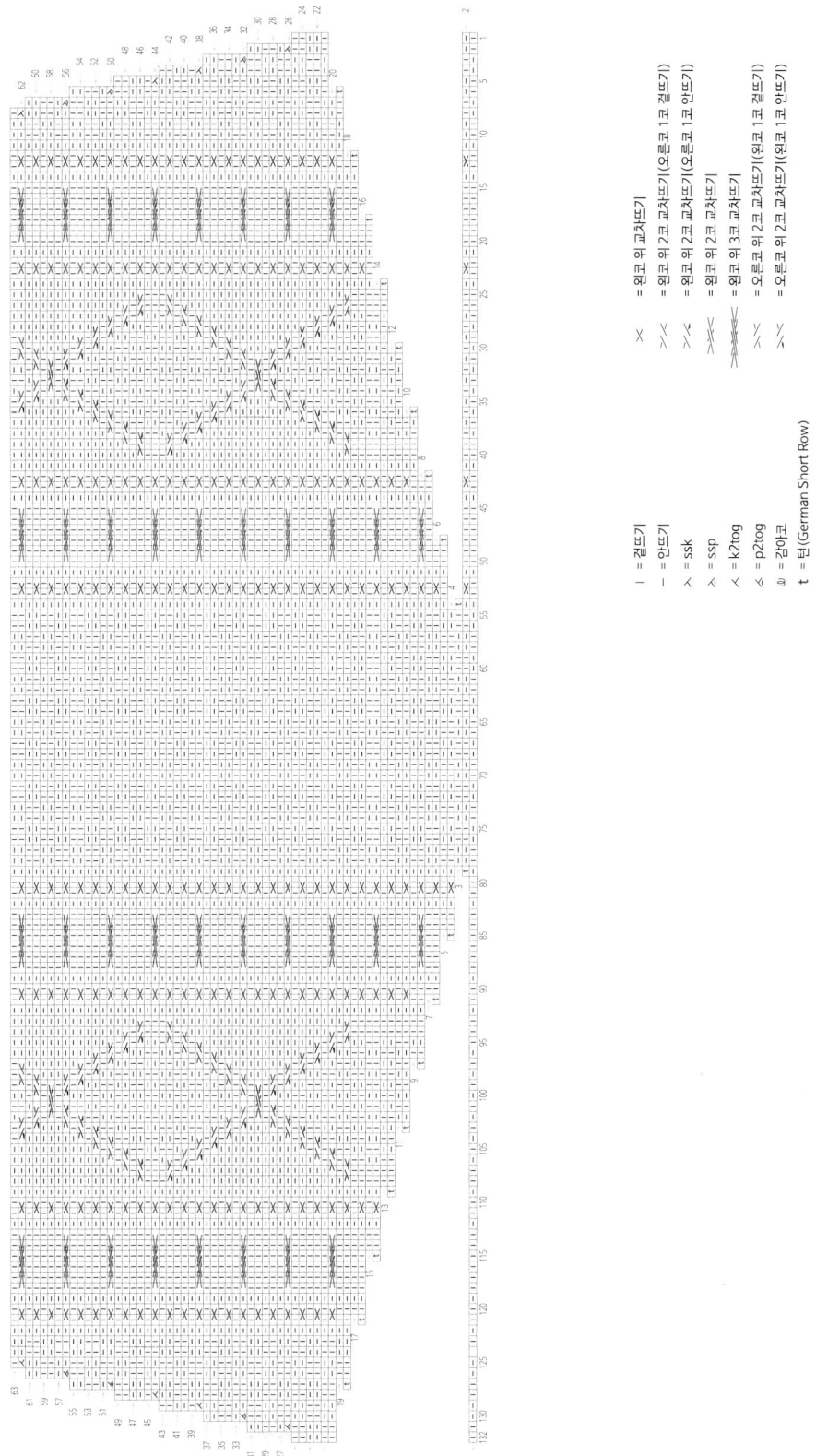

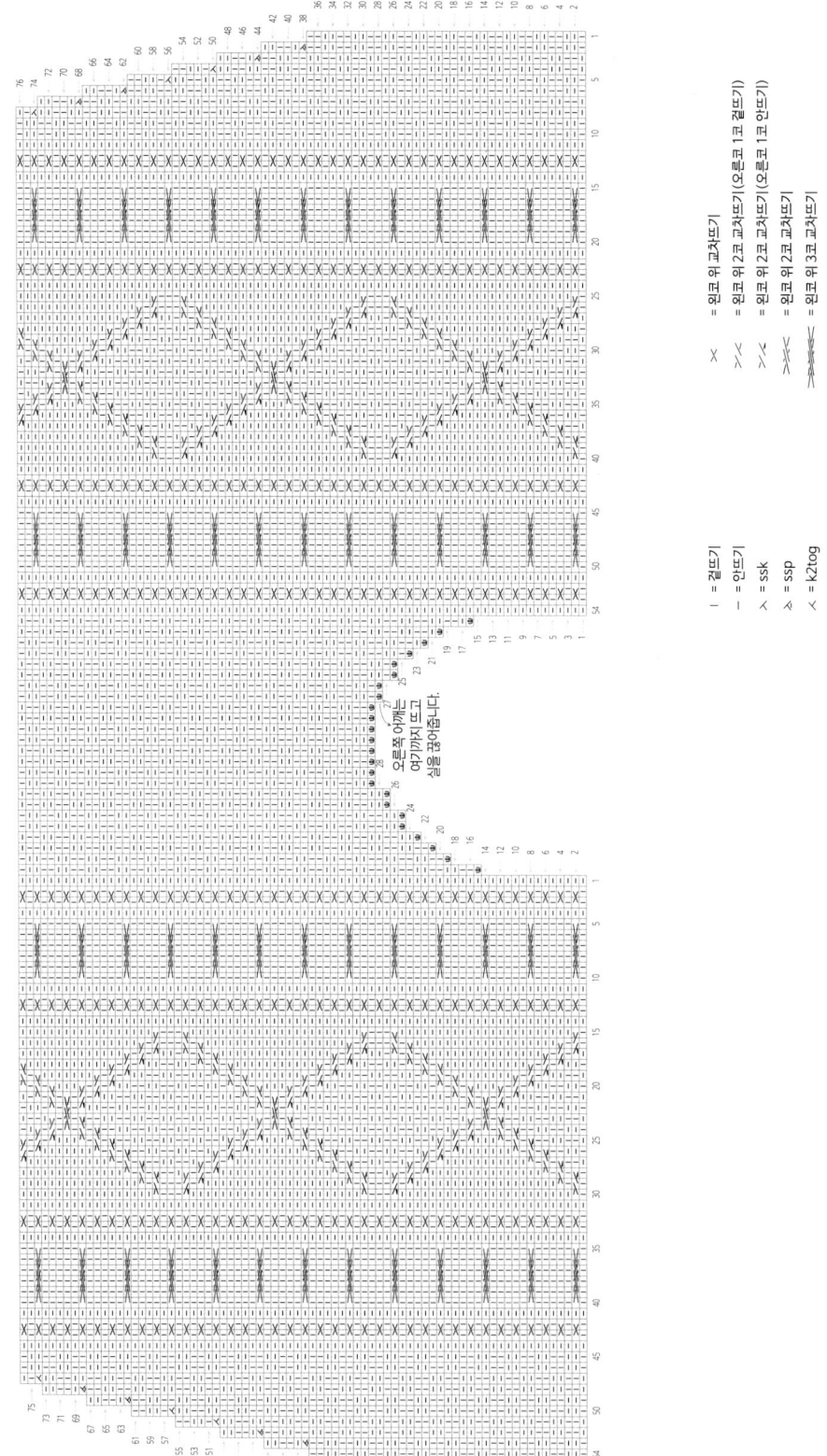

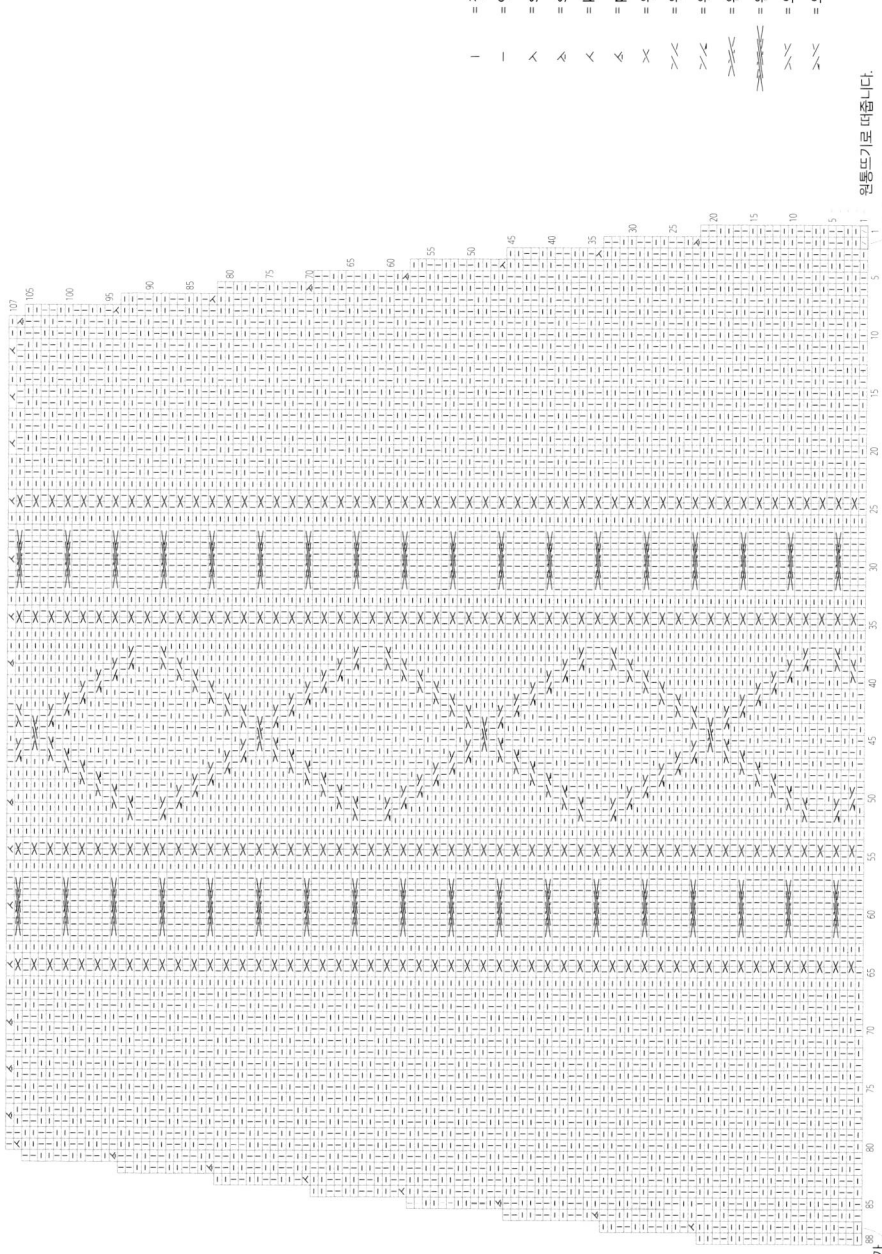

XL(소매)

2XL (뒤판)

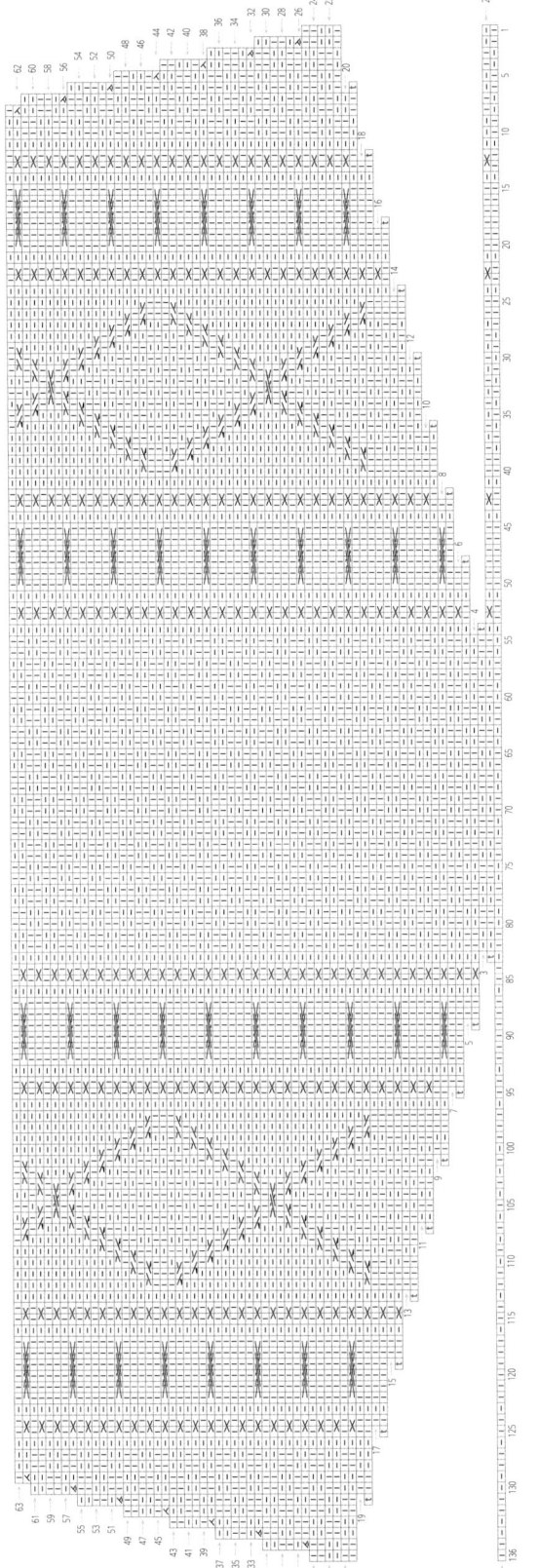

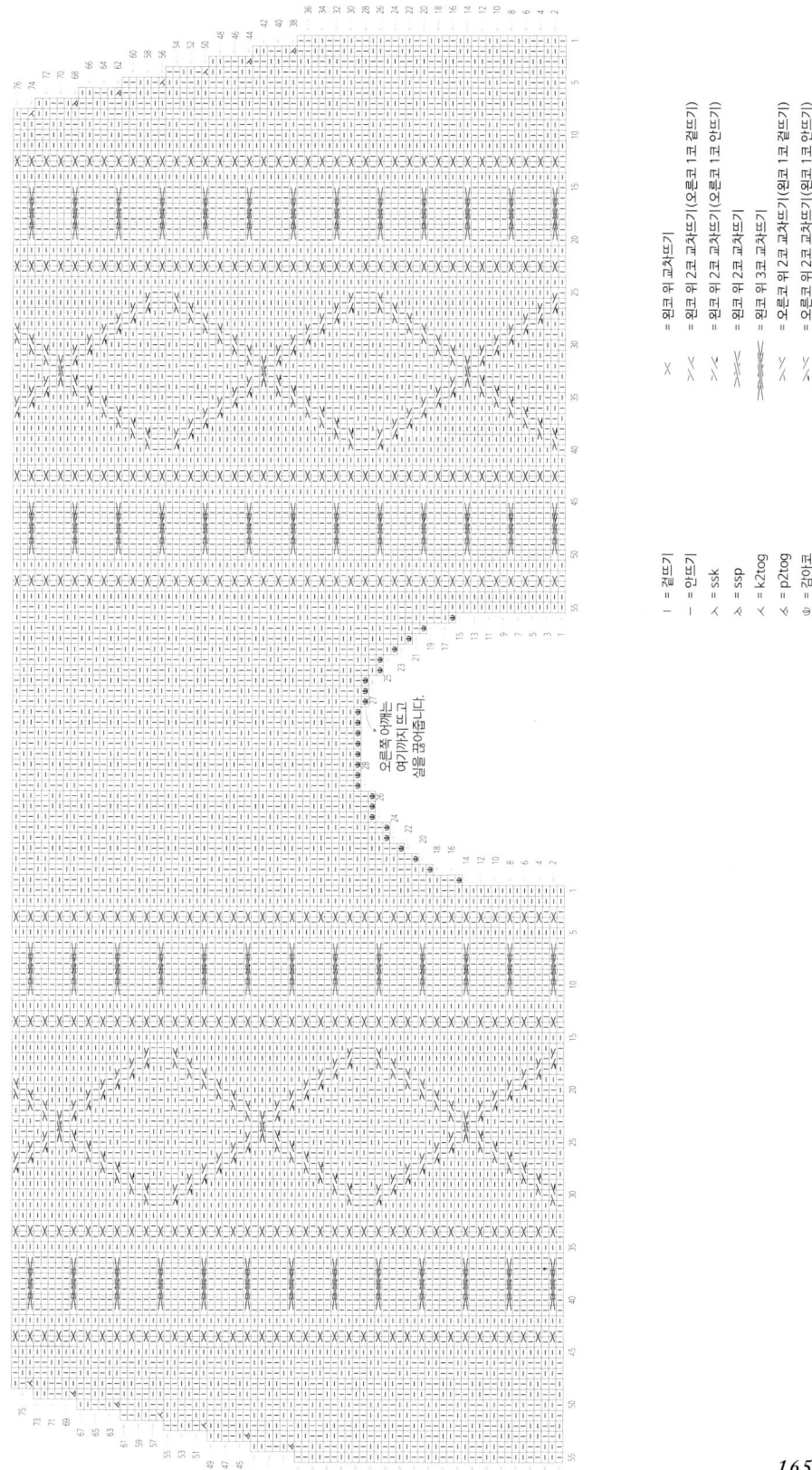

2XL (소매)

	= 겉뜨기
—	= 안뜨기
⋏	= ssk
⋋	= ssp
⋏	= k2tog
⋏	= p2tog
✕	= 왼코 위 교차뜨기
⋊⋉	= 왼코 위 2코 교차뜨기(오른코 1코 겉뜨기)
⋊⋉	= 왼코 위 2코 교차뜨기(오른코 1코 안뜨기)
⋊⋉	= 왼코 위 2코 교차뜨기
⋊⋉	= 왼코 위 3코 교차뜨기
⋊⋉	= 오른코 위 2코 교차뜨기(왼코 1코 겉뜨기)
⋊⋉	= 오른코 위 2코 교차뜨기(왼코 1코 안뜨기)

윗통뜨기로 떠줍니다.
감아코에서 코 주운 부분
이미 코가
주워진 부분

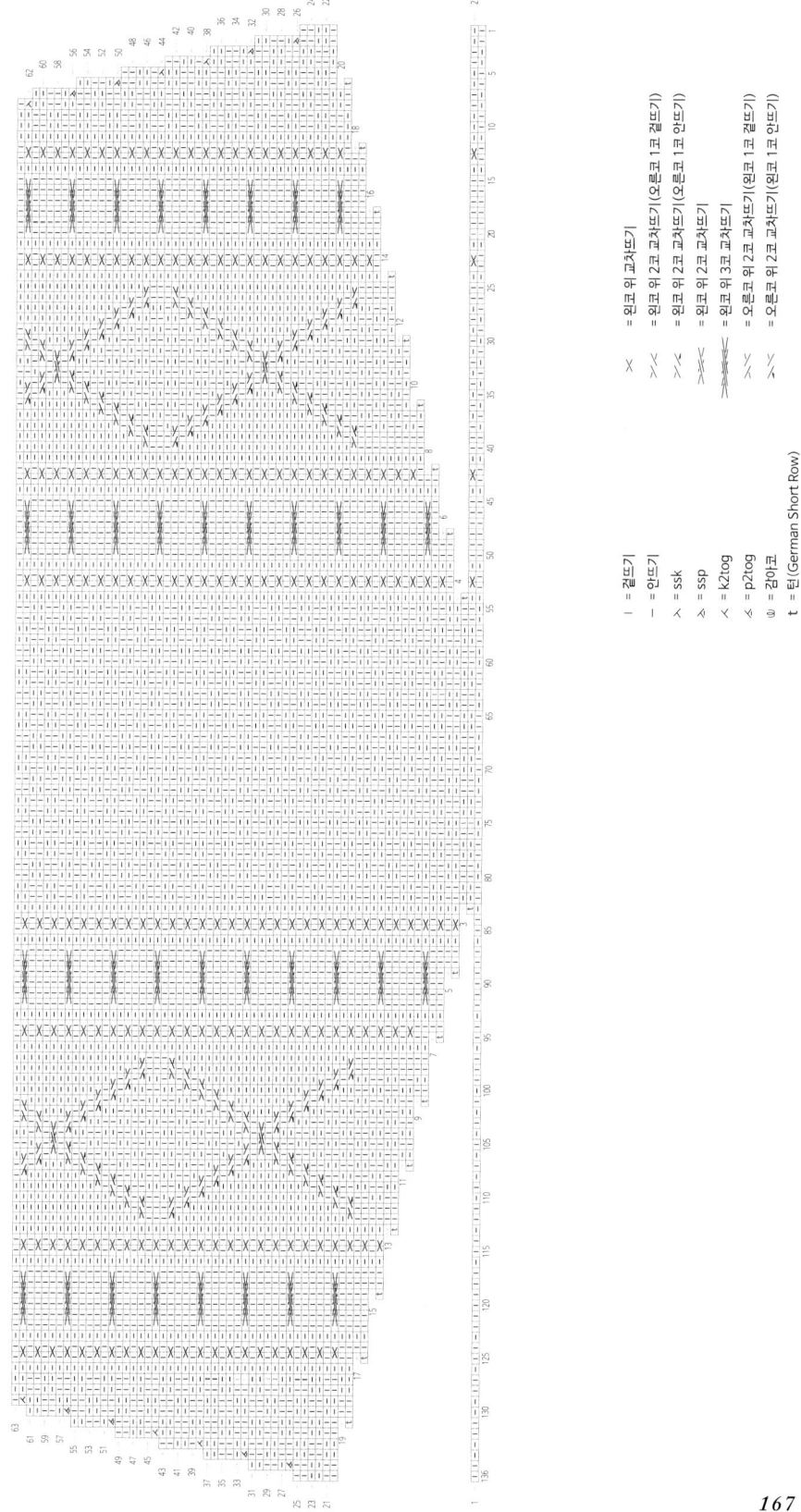

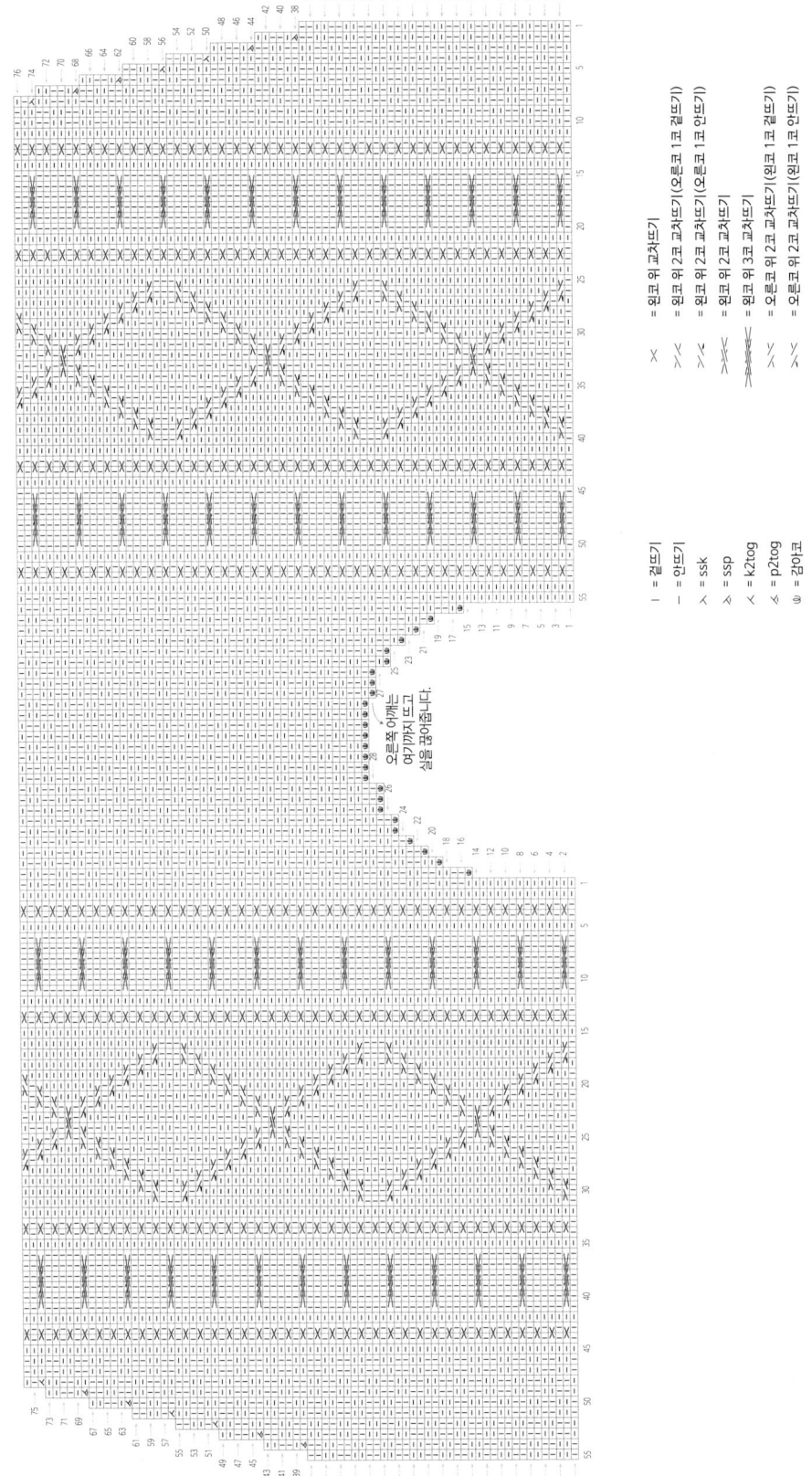

3XL(앞판)

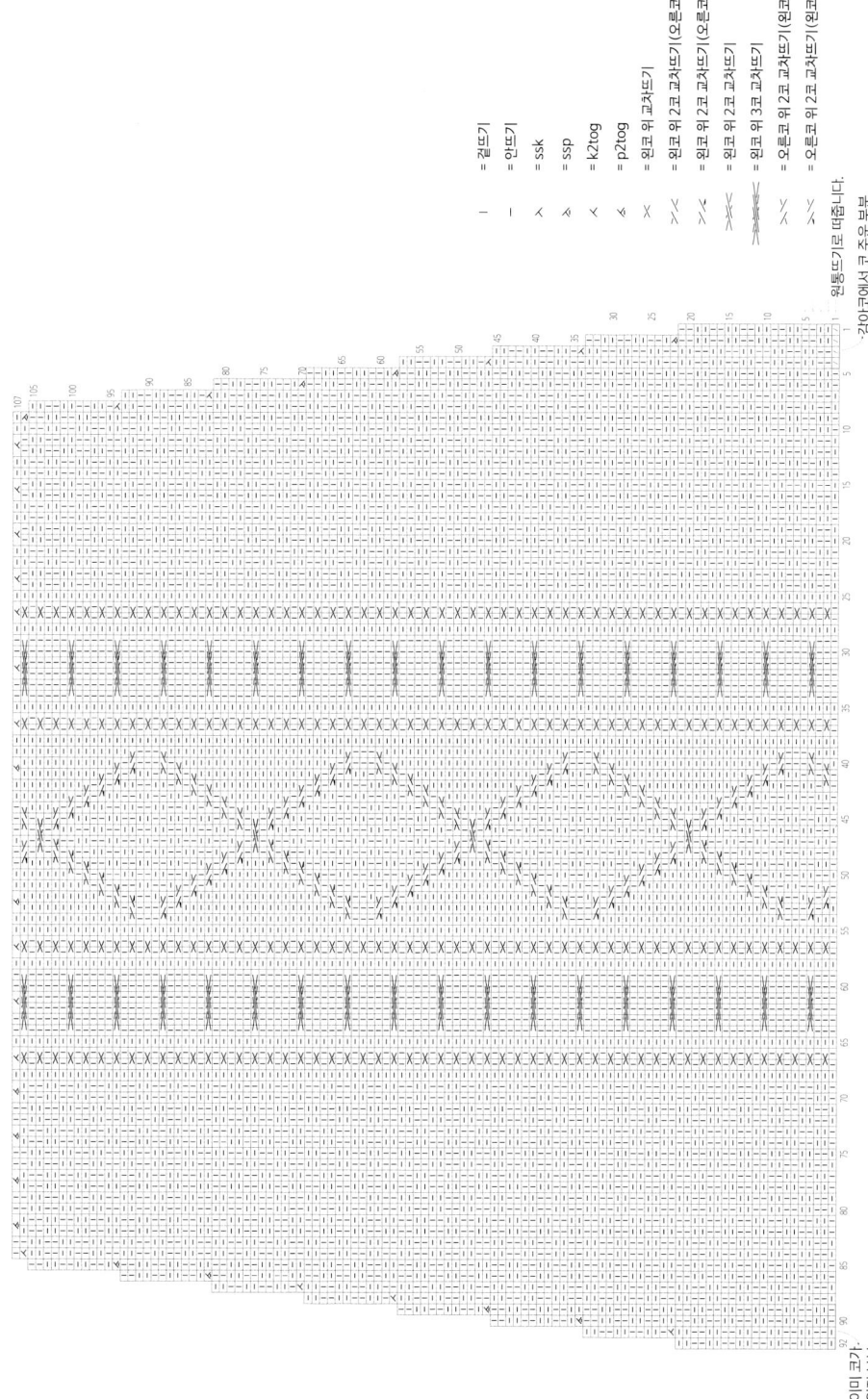

플랫베리 스웨터 몸판 감아코부분 도안

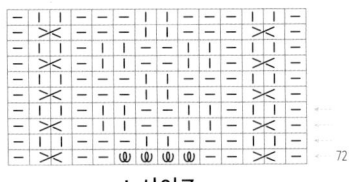

L 사이즈

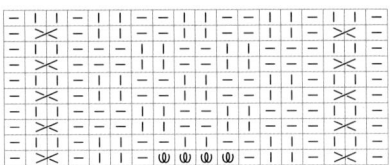

XL 사이즈

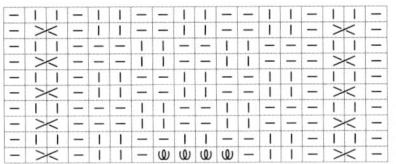

2XL 사이즈

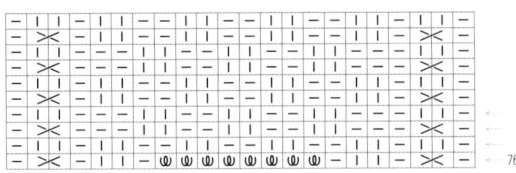

3XL 사이즈

Alpaca boucle Beenie

08

알파카 부클 비니

실	하이랜드 알파카 부클(1볼/100g/80m) 1볼, 약 50g
바늘	8mm(케이블 60cm)
게이지	9코 14단(8mm 바늘, 10×10cm 메리야스뜨기)
사이즈	FREE
완성둘레	53cm (신축성이 있어 대부분의 성인 머리에 다 맞습니다.)

How to make

참고 동영상 QR 코드

겨울 코디 어디에나 가볍게 쓸 수 있는 심플한 비니 스타일의 모자입니다. 코를 잡고 바로 줄임이 들어가기 때문에 아랫부분이 말리거나 오므라들지 않아 고무단 없이도 예쁜 핏으로 완성됩니다.

코잡기

60cm 케이블을 연결한 8mm 바늘에 56코를 잡아줍니다. 시작 마커를 걸고 원통뜨기로 시작하며, 코를 잡고 뜨는 첫 번째 단에서 시작 마커까지 돌아올 때까지 [겉 5, k2tog]를 반복합니다. 이제 바늘에 48코가 걸려 있습니다. 코를 잡은 부분부터 14~15cm가 될 때까지 겉뜨기로만 뜹니다.

코줄임

아래와 같이 뜨며 코를 줄여줍니다.

1단(줄임단): 시작 마커까지 [겉 6, k2tog] 반복 (48코>42코)
2단(평단): 모두 겉뜨기 (42코)
3단(평단): 모두 겉뜨기 (42코)
4단(줄임단): 시작 마커까지 [겉 5, k2tog] 반복 (42코>36코)
5단(평단): 모두 겉뜨기 (36코)
6단(줄임단): 시작 마커까지 [겉 4, k2tog] 반복 (36코>30코)
7단(평단): 모두 겉뜨기 (30코)
8단(줄임단): 시작 마커까지 [겉 3, k2tog] 반복 (30코>24코)
9단(평단): 모두 겉뜨기 (24코)
10단(줄임단): k2tog 반복 (24코>12코)
11단(줄임단): k2tog 반복 (12코>6코)

실을 자르고 돗바늘을 이용하여 바늘에 남은 6코를 통과시켜 오므려줍니다. 안쪽에 풀리지 않도록 잘 고정한 뒤 꼬리실을 잘라줍니다.

Essay 7

✕

뜨개가 주는 안정감

✕

나는 참 많은 취미를 거쳐왔다. 특히 공예와 관련된 것들을 많이 해봤다. 재봉틀, 펀치니들, 터프팅 등등. 나는 성격상 그대로 따라 하면 되는 가이드가 있으면 좋겠는데, 하다 보면 자꾸만 하고 싶은 걸 직접 그리라고 한다. 나는 하고 싶은 게 없고, 그림도 잘 못 그린다. 직접 선택한 색은 항상 스스로도 의문이 가득했다. 누가 그냥 정해줬으면 하는데, 공방에 가면 자꾸 내가 하고 싶은 걸 묻는다. 몇 가지 레퍼런스를 주기는 하지만 막막했다. 나 말고 다른 사람들은 다 자기가 하고 싶은 대로 하는 것 같아서 부럽기도 했다.

우리는 살면서 내가 한 선택이 옳은지 항상 의심할 수밖에 없다. 자라면서 정해준 대로 학교에 갔고, 밥도 정해준 걸 먹었다. 대학교에 가서 제일 놀라웠던 건 내가 내 시간표를 스스로 정하고 밥 시간, 메뉴까지 스스로 정해야 한다는 사실이었다. 묘한 해방감을 주기도 했지만, 인생이 선택의 연속이라는 사실에 가끔 어지러워지기도 했다. 어릴 때처럼 누군가 정해준 그대로 따라가면 '짜잔 졸업!'으로 갈 수 있는 루트가 그립기도 했다.

예전에는 티브이를 틀면 방송사가 정해준 스케줄대로 영상이 나왔는데, 이제는 내가 직접 유튜브, 넷플릭스의 바다를 헤엄치며 보고 싶은 걸 골라야 한다. 이 또한 머리가 아프다. 누가 정해주면 얼마나 좋을까. 뜨개는 그래서 좋다. 작가가 내가 떠야 하는 모든 코를 다 정해준다. 나는 색상만 고르면 된다. 색상도 고르기 싫으면 작가가 정한 걸 그대로 따라 하면 된다.

뜨개 도안을 만드는 입장에서 나는 백지 도화지가 싫다. 누가 나에게 스케치북을 주고 '하고 싶은 대로 그려봐'라고 하면 나는 첫 점의 위치를 고민하다가 내 결과물이 어떻게 전개될지 가늠도 되지 않아 시작조차 못할 게 뻔하다.

하지만 뜨개는 적어도 모눈종이가 있다. 픽셀 아트인 것이다. 정해진 모눈 안에서 내가 원하는 점을 찍어서 논리에 맞게 퍼트리면 된다. 그림에는 틀이나 논리가 없다는 것이 나에겐 매우 두려움으로 다가왔던 것 같다. 하지만 뜨개에는 논리가 있다. 그 방향으로 가면 '안 된다'는 기준점이 있고, 진동 코막음은 항상 시작 부분에서만 해야 한다는 규칙이 있다. 그 와중에 가끔 어물쩍 넘어가는 유연함까지 제공되니 이보다 안락할 수 없다.

정해진 틀이 있는 픽셀 세상 안에서 나만의 그림을 그린다

느게 나에게 얼마나 큰 안정감을 주는지 아마 다른 사람은 모를 거다. 나는 그래서 내가 해본 취미 중에 뜨개가 제일 좋다.

Chunky Topdown Mitten
09

청키 탑다운 손모아장갑

실	울알코 콘사(1콘/260g/286m), 약 65g
바늘	7mm(케이블 80cm)
게이지	6코 9단(7mm 바늘, 5×5cm 메리야스뜨기)
사이즈	FREE (10세 사이즈부터 큰 손 사이즈까지 조절 가능, 아기/유아 사이즈는 바늘 사이즈와 실 굵기로 조절)

참고 동영상 QR 코드

How to make

코잡기 및 몸통 뜨기

80cm 케이블을 연결한 7mm 바늘에 동영상을 참고하여 주디스 매직 코잡기(Judy's magic cast-on) 방식으로 한쪽 바늘당 5코씩 총 10코를 잡아줍니다. 그다음 아래와 같이 뜹니다.

> **Point**
> 모든 파트는 매직 루프로 진행되며 두 바늘에 걸린 코를 모두 떠야 한 단이 완성됩니다.

1단: 모두 겉뜨기
2단(늘림단): [겉 1, M1R, 마지막 1코 남을 때까지 겉뜨기, M1L, 겉 1]을 두 바늘 모두 진행

1~2단을 총 4번 반복하여 한쪽 바늘당 13코씩 총 26코가 될 때까지 떠줍니다.

> **Point**
> **사이즈 조절 팁:** 네 손가락을 모아 씌워봤을 때 넉넉한 사이즈가 될 때까지 늘려주면 됩니다. 한쪽 바늘에 13코가 되는 것이 '성인 평균' 사이즈라고 기준점을 두고, 10세 사이즈는 한쪽 바늘에 13코보다 적게, 손이 더 큰 분들의 사이즈는 13코보다 더 많은 콧수가 되도록 1~2단 반복 횟수를 조절해주면 됩니다.
> 예시) 10세 사이즈는 한쪽 바늘에 11코, 양쪽 바늘 합쳐 22코/손이 큰 분들은 한쪽 바늘에 15코, 양쪽 바늘 합쳐 30코가 될 때까지 1~2단을 반복합니다.

이제부터 더 이상 코를 늘리지 않고 손에 끼워봤을 때 엄지손가락 갈라지는 부분(성인 평균 사이즈 기준으로 코잡은 부분으로부터 약 12cm)까지 떠줍니다.

엄지손가락 분리 후 손목까지 뜨기

이제 엄지손가락 갈라지는 지점까지 뜬 상태입니다. 색상이 구분되는 자투리 실을 준비한 뒤 아래와 같이 뜹니다.

왼손: 겉 2, 자투리 실로 겉 4, 방금 떠준 4코 다시 왼쪽 바늘로 옮기기, 반대쪽 바늘까지 끝까지 겉뜨기

오른손: 한쪽 바늘 마지막 6코 남을 때까지 겉뜨기, 자투리 실로 겉 4, 방금 떠준 4코 다시 왼쪽 바늘로 옮기기, 반대쪽 바늘까지 끝까지 겉뜨기

이제 자투리 실로 엄지손가락 부분을 분리해준 부분부터 10단(성인 평균 사이즈 기준으로 분리한 부분부터 약 4cm) 혹은 손에 끼워봤을 때 손목 시작하는 지점까지 뜹니다.

그다음 아래와 같이 뜨며 고무단을 뜨기 전에 코를 줄여줍니다.

줄임단: [겉 2, k2tog], 바늘에 1코 남을 때까지 반복, 겉 1, 반대쪽 바늘도 동일하게 진행

줄임단은 한 단만 뜹니다.

이제 [겉 1, 안 1]을 반복하는 1코 고무단을 5cm 뜬 후 1코 고무단 돗바늘 마무리로 코막음합니다.

손가락 뜨기

손가락은 자투리 실을 빼면 4코와 3코가 살아 있습니다. 80cm 케이블을 연결한 7mm 바늘을 이용하여 앞쪽 바늘에 4코, 뒤쪽 바늘에 3코를 다시 끼우고 3코를 끼운 바늘은 끝부분에서 1코를 더 건져올려 줍니다. 새 실을 걸어 4코를 뜨고, 사이에서 1코를 더 주워줍니다. 반대편 4코를 뜨고 또 사이에서 1코를 더 주워줍니다. 바늘에는 각각 5코씩 총 10코가 걸려 있습니다. 매직 루프로 엄지손가락이 다 덮일 때까지, 코를 주운 부분으로부터 대략 5cm가 될 때까지 뜬 후 마지막 단에서 k2tog를 5번 반복하여 코를 줄여주고 5코가 남았을 때 돗바늘로 5코를 통과시켜 마무리합니다. 모든 꼬리실을 정리하여 마무리합니다.

Al-paca Boucle Cowichan Cardigan

10
알-파카 부클 코위찬 카디건

실	하이랜드 알파카 부클(1볼/100g/80m) 5 (6) 6 (6) 6볼, 약 500 (520) 530 (550) 580g
	테디울(1볼/95g/125m) 3 (3) 3 (3) 3볼, 약 270 (280) 290 (300) 300g
바늘	7mm, 8mm(케이블 40, 80cm)
단추	[나무단추] 떡볶이 단추(30, 40, 50, 55mm), 샘플은 진베이지 55mm 4개
게이지	9코 14단(8mm 바늘, 10×10cm 메리야스뜨기)
사이즈	M (L) XL (2XL) 3XL
가슴둘레	120 (124) 128 (133) 142cm
옷 길이	55 (55) 55 (55) 55cm (칼라 부분을 제외하고 뒷목 중심부터 쟀을 때)
샘플 사이즈	2XL

How to make

참고 동영상 QR 코드

알-파카 부클 코위찬 카디건은 칼라부터 시작하는 탑다운 방식으로 제작됩니다. 칼라 옆면에서 코를 주워 래글런 늘림으로 몸통 늘림을 진행하며, 나중에 덧수가 놓아질 앞판과 뒤판 부분은 배색으로 처리합니다. 인타르시아 배색이 아닌 덧수로 진행되기 때문에 난도가 어렵지 않고 실 소요량이 적습니다. 덧수 패턴을 바꾸어 원하는 수를 놓을 수도 있습니다. 실측 가슴둘레보다 40cm 여유 있게 입도록 제작되었기 때문에 정사이즈로 선택해도 사이즈가 매우 클 수 있습니다. 평소 자주 입는 외투의 가슴 단면을 확인하고 사이즈를 선택해주세요.

코잡기, 칼라 뜨기

80cm 케이블을 연결한 8mm 바늘에 동영상을 참고하여 하이랜드 알파카 부클 1겹을 잡고 주디스 매직 코잡기(Judy's magic cast-on) 방식으로 한쪽 바늘당 4코씩 총 8코를 잡아줍니다. 그다음 아래와 같이 뜹니다.

1단(겉면): 겉 1, kfb, kfb, 겉 1
반대편 바늘에 있는 4코 자투리 실에 빼두기, 이제 빼둔 코 말고 떠진 코들로만 진행합니다.

2단(안면): 실 앞에 두고 안뜨기 방향으로 1코 거르기, 모두 겉뜨기
3단(겉면): 실 앞에 두고 안뜨기 방향으로 1코 거르기, kfb, 마지막 2코 남을 때까지 겉뜨기, kfb, 겉 1

> *Point*
> 양면이 같은 무늬로 나오기 때문에 겉면이라고 표시된 면에 마커를 걸어 겉면과 안면을 구분합니다.

2~3단을 반복하여 바늘에 걸린 코가 22코 될 때까지 뜹니다. 코 잡은 부분부터 높이를 쟀을 때 총 약 8cm가 되며 가장자리 부분 V자만 세면 8개의 V자가 만들어져 있습니다.

이제 더 이상 코늘림 없이 위 2단처럼만 뜨면서 가장자리 부분 V자가 40개 될 때까지 뜹니다. 안면까지 뜨고 다음 단은 겉면입니다. 그다음 아래와 같이 코를 줄이며 뜹니다.

1단(겉면): 실 앞에 두고 안뜨기 방향으로 1코 거르기, k2tog, 마지막 3코 남을 때까지 겉뜨기, k2tog, 겉 1
2단(안면): 실 앞에 두고 안뜨기 방향으로 1코 거르기, 모두 겉뜨기

1~2단을 반복하여 바늘에 4코 남을 때까지 뜹니다. 4코가 남으면 안면까지 뜨고 뒤집지 않고 안면을 바라본 상태에서 가장자리 V자 48개 부분에서 1코씩 주워줍니다(동영상 참고). 그러면 바늘에 원래 걸려 있던 4코+가장자리 V자에서 주운 48코가 오른쪽 바늘에 걸려 있습니다. 처음에 코를 잡고 자투리 실에 빼둔 4코를 왼쪽 바늘에 끼우고, 코를 줍던 바늘을 이용하여 4코를 겉뜨기로 떠줍니다.
이제 바늘에 4코+48코+4코=총 56코가 걸려 있습니다.

코 분배하기

이제 코를 다 줍고 칼라 기준으로 겉면을 바라보고 뜰 차례입니다. 평면뜨기로 진행합니다(헷갈리는 경우 동영상 참고). 칼라 기준으로는 겉면이지만 옷 기준으로는 안면이 될 부분입니다. 아래와 같이 뜨며 마커를 걸어줍니다.

셋업단: 실 앞에 두고 안뜨기 방향으로 1코 거르기, 겉 3, 마커 걸기, 6코 안뜨기(앞판), 마커 걸기, 2코 안뜨기, 마커 걸기, 8코 안뜨기(소매), 마커 걸기, 2코 안뜨기, 마커 걸기, 12코 안뜨기(뒤판), 마커 걸기, 2코 안뜨기, 마커 걸기, 8코 안뜨기(소매), 마커 걸기, 2코 안뜨기, 마커 걸기, 6코 안뜨기(앞판), 마커 걸기, 4코 겉뜨기

목 셰이핑

코 분배가 끝났으면 아래와 같이 되돌아뜨기로 목 셰이핑을 해줍니다. 턴은 저먼 쇼트 로우(german short row) 방식을 이용합니다.

1단(겉면): 실 앞에 두고 안뜨기 방향으로 1코 거르기, 겉 3, 마커 넘기기, 마커까지 겉뜨기(앞판), M1R, 마커 넘기기, 겉 2, 마커 넘기기, M1L, 마커까지 겉뜨기(소매), M1R, 마커 넘기기, 겉 2, 마커 넘기기, M1L, 마커까지 겉뜨기(뒤판), M1R, 마커 넘기기, 겉 2, 마커 넘기기, M1L, 겉 4, 턴
2단(안면): 마커까지 안뜨기(소매), 마커 넘기기, 안 2, 마커 넘기기, 마커까지 안뜨기(뒤판), 마커 넘기기, 안 2, 마커 넘기기, 안 5, 턴
3단(겉면): 마커까지 겉뜨기(소매), M1R, 마커 넘기기, 겉 2, 마커 넘기기, M1L, 마커까지 겉뜨기(뒤판), M1R, 마커 넘기기, 겉 2, 마커 넘기기, M1L, 턴 다음 4코까지 겉뜨기, 턴

◇ *Point* ◇

3단까지 뜨고 나면 양쪽 소매와 앞판 콧수가 1코 차이 나게 됩니다. 나중에 8단까지 뜨고 나면 양쪽 소매 콧수가 맞아지게 되니 콧수 차이는 신경 쓰지 않아도 됩니다.

4단(안면): 마커까지 안뜨기(소매), 마커 넘기기, 안 2, 마커 넘기기, 마커까지 안뜨기(뒤판), 마커 넘기기, 안 2, 마커 넘기기, 턴 다음 4코까지 안뜨기, 턴
5단(겉면): 마커까지 겉뜨기(소매), M1R, 마커 넘기기, 겉 2, 마커 넘기기, M1L, 마커까지 겉뜨기(뒤판), M1R, 마커 넘기기, 겉 2, 마커 넘기기, M1L, 마커까지 겉뜨기(소매, 턴한 부분 만나면 정리), M1R, 마커 넘기기, 겉 2, 마커 넘기기, M1L, 겉 3, 턴
6단(안면): 마커까지 안뜨기(앞판), 마커 넘기기, 안 2, 마커 넘기기, 마커까지 안뜨기(소매), 마커 넘기기, 안 2, 마커 넘기기, 마커까지 안뜨기(뒤판), 마커 넘기기, 안 2, 마커 넘기기, 마커까지 안뜨기(소매, 턴한 부분 만나면 정리), 마커 넘기기, 안 2, 마커 넘기기, 안 4, 턴
7단(겉면): 마커까지 겉뜨기(앞판), M1R, 마커 넘기기, 겉 2, 마커 넘기기, M1L, 마커까지 겉뜨기(소매), M1R, 마커 넘기기, 겉 2, 마커 넘기기, M1L, 마커까지 겉뜨기(뒤판), M1R, 마커 넘기기, 겉 2, 마커 넘기기,

M1L, 마커까지 겉뜨기(소매), M1R, 마커 넘기기, 겉 2, 마커 넘기기, M1L, 턴 다음 3코까지 겉뜨기, 턴

8단(안면): 마커까지 안뜨기(앞판), 마커 넘기기, 안 2, 마커 넘기기, 마커까지 안뜨기(소매), 마커 넘기기, 안 2, 마커 넘기기, 마커까지 안뜨기(뒤판), 마커 넘기기, 안 2, 마커 넘기기, 마커까지 안뜨기(소매), 마커 넘기기, 안 2, 마커 넘기기, 턴 다음 3코까지 안뜨기, 턴

이제 턴이 종료되었습니다. 아래와 같이 이어서 뜹니다. 턴한 부분은 정리하면서 지나갑니다.

9단(겉면): 마커까지 겉뜨기(앞판), M1R, 마커 넘기기, 겉 2, 마커 넘기기, M1L, 마커까지 겉뜨기(소매), M1R, 마커 넘기기, 겉 2, 마커 넘기기, M1L, 마커까지 겉뜨기(뒤판), M1R, 마커 넘기기, 겉 2, 마커 넘기기, M1L, 마커까지 겉뜨기(소매), M1R, 마커 넘기기, 겉 2, 마커 넘기기, M1L, 마커까지 겉뜨기(앞판), 마커 넘기기, 겉 4

10단(안면): 실 앞에 두고 안뜨기 방향으로 1코 거르기, 겉 3, 마지막 4코 남을 때까지 안뜨기, 겉 4

이제 턴 정리까지 종료되었습니다. 지금 바늘에 걸려 있는 콧수는 아래와 같습니다. / 표시는 마커입니다.

4코(버튼밴드) / 9코(앞판) / 2코(래글런) / 16코(소매) / 2코(래글런) / 22코(뒤판) / 2코(래글런) / 16코(소매) / 2코(래글런) / 9코(앞판) / 4코(버튼밴드)

아래와 같이 이어서 뜹니다.

11단(겉면): 실 앞에 두고 안뜨기 방향으로 1코 거르기, 겉 3, 마커 넘기기, 마커까지 겉뜨기(앞판), M1R, 마커 넘기기, 겉 2, 마커 넘기기, M1L, 마커까지 겉뜨기(소매), M1R, 마커 넘기기, 겉 2, 마커 넘기기, M1L, 마커까지 겉뜨기(뒤판), M1R, 마커 넘기기, 겉 2, 마커 넘기기, M1L, 마커까지 겉뜨기(소매), M1R, 마커 넘기기, 겉 2, 마커 넘기기, M1L, 마커까지 겉뜨

기(앞판), 마커 넘기기, 겉 4

이제 실을 테디울 2겹 혹은 하이랜드 알파카 부클과 비슷한 굵기의 배색 실로 교체합니다. 그다음 아래와 같이 뜹니다.

12단(안면): 실 앞에 두고 안뜨기 방향으로 1코 거르기, 겉 3, 마지막 4코 남을 때까지 안뜨기, 겉 4

13단(겉면): 실 앞에 두고 안뜨기 방향으로 1코 거르기, 겉 3, 마커 넘기기, 마커까지 겉뜨기(앞판), M1R, 마커 넘기기, 겉 2, 마커 넘기기, M1L, 마커까지 겉뜨기(소매), M1R, 마커 넘기기, 겉 2, 마커 넘기기, M1L, 마커까지 겉뜨기(뒤판), M1R, 마커 넘기기, 겉 2, 마커 넘기기, M1L, 마커까지 겉뜨기(소매), M1R, 마커 넘기기, 겉 2, 마커 넘기기, M1L, 마커까지 겉뜨기(앞판), 마커 넘기기, 겉 4

12~13단을 반복하여 각 부분별로 아래 콧수에 도달할 때까지 뜨되, 2XL, 3XL 사이즈는 뒤판 코가 50코가 되면 그다음 단(안면)을 뜰 차례에 하이랜드 알파카 부클 실로 변경한 뒤 계속 하이랜드 알파카 부클 실로 나머지 늘림과 소매 분리를 진행합니다. XL 사이즈는 소매 분리할 때 실을 바꾸며, M, L 사이즈는 소매 분리가 끝나고 몸통 몇 단을 더 뜬 다음 실을 바꾸게 되니 유의해서 떠주세요. 12~13단을 반복하여 아래 콧수에 도달하면 겉면까지 뜨고 끝나며 안면에서 소매 분리를 진행합니다.

도달 콧수

4코(버튼밴드) / 21 (22) 23 (24) 24코(앞판) / 2코(래글런) / 40 (42) 44 (46) 46코(소매) / 2코(래글런) / 46 (48) 50 (52) 52코(뒤판) / 2코(래글런) / 40 (42) 44 (46) 46코(소매) / 2코(래글런) / 21 (22) 23 (24) 24코(앞판) / 4코(버튼밴드)

소매 분리

이제 소매 분리를 시작합니다. 아래와 같이 뜹니다. XL 사이즈의 경우 하이랜드 알파카 부클 실로 바꾸어 소매 분리를 진행하고, M, L 사이즈는 계속 뜨고 있던 배색 실로 소매 분리를 진행합니다. 2XL, 3XL 사이즈는 이미 하이랜드 알파카 부클 실로 변경되어 있는 상태입니다.

소매 분리단(안면): 실 앞에 두고 안뜨기 방향으로 1코 거르기, 겉 3, 마커 넘기기, 마커까지 안뜨기(앞판), 마커 빼기, 안 2, 마커 빼기, 마커까지의 코들을 자투리 실이나 여분의 케이블에 쉬게 두기(소매), 마커 빼기, 감아코 4 (4) 4 (4) 8코 만들기, 안 2, 마커 빼기, 마커까지 안뜨기(뒤판), 마커 빼기, 안 2, 마커 빼기, 마커까지의 코들을 자투리 실이나 여분의 케이블에 쉬게 두기(소매), 마커 빼기, 감아코 4 (4) 4 (4) 8코 만들기, 안 2, 마커 빼기, 마커까지 안뜨기(앞판), 마커 넘기기, 겉 4

이제 소매 분리가 끝났습니다. 아래와 같이 뜹니다.

1단(겉면): 실 앞에 두고 안뜨기 방향으로 1코 거르기, 모두 겉뜨기
2단(안면): 실 앞에 두고 안뜨기 방향으로 1코 거르기, 겉 3, 마지막 4코 남을 때까지 안뜨기, 겉 4

1~2단을 반복하여 감아코 부분 아래로 24 (23) 22 (21) 21cm가 될 때까지 뜨되, M 사이즈는 소매 분리 후 3단, L 사이즈는 소매 분리 후 1단을 더 뜬 후(뜨는 방식은 위 1~2단 반복) 다시 하이랜드 알파카 부클 실로 바꿔줍니다. XL, 2XL, 3XL 사이즈는 이미 하이랜드 알파카 부클 실로 바뀌어 있는 상태입니다. 배색 색상으로 떠진 부분은 모든 사이즈 공통으로 총 26단이 됩니다.

원하는 길이만큼 다 떴으면 **안면을 뜰 차례에** 7mm 바늘로 바꾸어 아래와 같이 고무단을 뜹니다.

1단(안면): 실 앞에 두고 안뜨기 방향으로 1코 거르기, 겉 3, p2tog, 마지막 4코 남을 때까지 [겉 1, 안 1] 반복, 겉 4
2단(겉면): 실 앞에 두고 안뜨기 방향으로 1코 거르기, 겉 3, 마지막 5코

남을 때까지 [겉 1, 안 1] 반복, 겉 1, 겉 4

3단(안면): 실 앞에 두고 안뜨기 방향으로 1코 거르기, 겉 3, 마지막 5코 남을 때까지 [안 1, 겉 1] 반복, 안 1, 겉 4

2~3단을 반복하여 고무단이 7cm가 될 때까지 떠줍니다. 안면까지 뜨고 겉면을 뜰 차례에 모두 겉뜨기로 뜨면서 코막음합니다.

소매

40cm 케이블을 연결한 8mm 바늘에 쉬게 둔 40 (42) 44 (46) 46코를 끼우고 감아코를 만들어준 부분에서 2 (2) 2 (2) 4코를 줍고 시작 마커를 걸고 나머지 2 (2) 2 (2) 4코를 주워줍니다. 그다음 아래와 같이 뜹니다.

[겉뜨기 4 (4) 4 (4) 4단, 줄임단 1단]을 총 12 번 반복

줄임단: k2tog, 마지막 2코 남을 때까지 겉뜨기, ssk

이제 바늘에 20 (22) 24 (26) 30코가 걸려 있습니다. 앞으로 떠질 고무단 7cm를 감안하여 소매가 짧다고 느껴지면 겉뜨기로 몇 단을 더 떠주고, 길다고 느껴지면 덜 떠주면 됩니다.

이제 7mm 바늘로 바꾸고 [겉 1, 안 1]을 반복하는 1코 고무단으로 12단 (약 7cm)를 떠준 후 모든 코를 겉뜨기로 뜨면서 코막음합니다.

주머니 뜨기

주머니는 나중에 꿰매어 달아줄 용도로 왼쪽 오른쪽을 각각 따로 떠줍니다. 80cm 케이블을 연결한 8mm 바늘을 이용하여 하이랜드 알파카 부클 실 1겹으로 아래와 같이 뜹니다.

- 왼쪽 주머니

꼬리실 여유분 넉넉하게 두고 14코 잡기

셋업단(안면): 실 앞에 두고 안뜨기 방향으로 1코 거르기, 겉 3, 마커 걸기, 끝까지 안뜨기

1단(겉면, 늘림단): 마커 1코 전까지 겉뜨기, M1R, 겉 1, 마커 넘기기, 겉 4

2단(안면): 실 앞에 두고 안뜨기 방향으로 1코 거르기, 겉 3, 마커 넘기기, 끝까지 안뜨기

3단(겉면): 마커까지 겉뜨기, 마커 넘기기, 겉 4

4단(안면): 실 앞에 두고 안뜨기 방향으로 1코 거르기, 겉 3, 마커 넘기기, 끝까지 안뜨기

1~4단을 총 5번 반복(5코 증가) 후 2~3단만 반복하여 5단을 더 떠줍니다. 셋업단부터 셌을 때 총 26단이 떠진 상태입니다. 겉면까지 뜨고 끝이 나며, 안면을 뜰 차례에 코막음을 하는데 겉뜨기 4코는 겉뜨기로 뜨면서 코막음, 안뜨기는 안뜨기로 뜨면서 코막음합니다. 나중에 꿰맬 때 쓸 용도로 꼬리실을 넉넉하게 두고 실을 잘라줍니다.

- 오른쪽 주머니

꼬리실 여유분 넉넉하게 두고 14코 잡기

셋업단(안면): 마지막 4코 남을 때까지 안뜨기, 마커 걸기, 겉 4

1단(겉면, 늘림단): 실 앞에 두고 안뜨기 방향으로 1코 거르기, 겉 3, 마커 넘기기, 겉 1, M1L, 끝까지 겉뜨기

2단(안면): 마지막 4코 남을 때까지 안뜨기, 마커 넘기기, 겉 4

3단(겉면): 실 앞에 두고 안뜨기 방향으로 1코 거르기, 겉 3, 마커 넘기기, 끝까지 겉뜨기

4단(안면): 마지막 4코 남을 때까지 안뜨기, 마커 넘기기, 겉 4

1~4단을 총 5번 반복(5코 증가) 후 2~3단만 반복하여 5단을 더 떠줍니

다. 셋업단부터 셌을 때 총 26단이 떠진 상태입니다. 겉면까지 뜨고 끝이 나며, 안면을 뜰 차례에 코막음을 하는데 안뜨기는 안뜨기로 뜨면서 코막음, 겉뜨기 4코는 겉뜨기로 뜨면서 코막음합니다. 나중에 꿰맬 때 쓸 용도로 꼬리실을 넉넉하게 두고 실을 잘라줍니다.

이미지를 참고하여 주머니를 버튼밴드 안쪽으로 고정하고 꼬리실을 이용하여 손이 들어갈 부분을 제외하고 돗바늘로 감침질하여 연결해줍니다. 꼬리실로 연결이 안 되는 부분은 새 실을 잘라 연결합니다.

단추 달기

55mm 떡볶이 단추 4개를 원하는 위치에 달아줍니다. 칼라가 끝나는 바로 아래 지점에 하나, 옷의 끝자락 부분에서 3cm 위로 올라온 부분에 하나, 그 사이에 일정한 간격으로 배치해서 2개, 총 4개를 달아주면 됩니다. 버튼밴드의 가터 부분 공간이 넓어 단춧구멍은 따로 만들지 않았습니다. 단춧구멍 위치를 고정하고 싶으신 분들은 단추가 달린 부분의 맞은편에 버튼홀 스티치(button hole stitch)로 바느질하여 구멍을 고정해주면 됩니다. 샘플은 따로 단춧구멍을 고정하지 않았습니다.

덧수 놓기

동영상과 배색 차트를 참고하여 앞판과 뒤판에 메인 색상 실로 돗바늘로 덧수를 놓아 마무리합니다.

코위찬 배색 차트

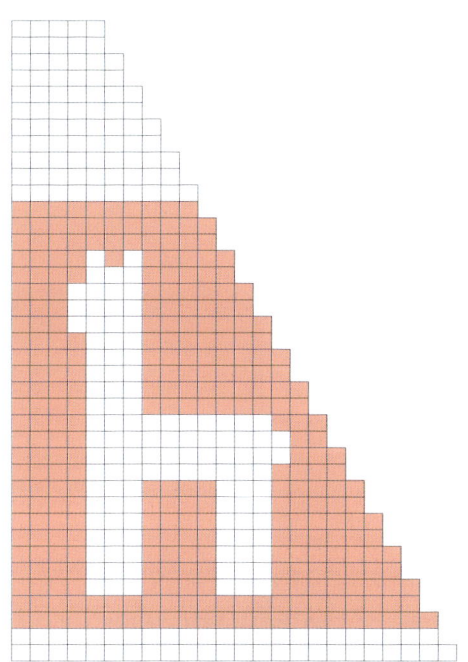

왼쪽 앞판

뒤판

My favorite knitwear

Part 02

뜨개가 더욱 쉬워지는 팁 모음

뜨개옷 세탁의 모든 것

×

1. 올바른 세탁법

작품을 완성했다면 마지막으로 세탁을 해줍니다. 뜨개 편물을 세탁할 때는 편물을 비벼 수축, 펠팅되지 않도록 주의합니다.

1 미온수에 울 샴푸를 풀어줍니다. 울 샴푸는 편물에 직접 도포하지 않고 꼭 물에 풀어 사용합니다.
2 편물을 물에 담가 조물조물 때가 빠지도록 주물러줍니다.
3 물을 버리고 깨끗한 물에 1~2번 헹궈줍니다.
4 물에 섬유유연제를 풀어줍니다. 섬유유연제 또한 편물에 직접 도포하지 않고 꼭 물에 풀어 사용합니다.
5 편물을 담가 10분 정도 방치합니다. 섬유유연제는 따로 헹구지 않습니다.
6 물기를 꾹꾹 눌러 짠 다음 커다란 수건으로 감싸 눌러 물기를 제거합니다.
7 수건에 편물을 바르게 편 다음 돌돌 말아 묶어줍니다.
8 세탁기에 '약한 탈수'로 10분 돌려줍니다.
9 바닥에 펼쳐 건조합니다. 원한다면 이때 핀을 꽂는 등의 블로킹을 진행합니다.

2. 세탁을 하는 이유

우리가 구매해서 입는 기성품 니트의 경우 90% 이상 제작 후 물세탁을 거쳐 출고됩니다. 물세탁이 불가한 의류라고 해도 틀에 끼워 강하게 스팀을 가한 후에 출고됩니다. 손으로 뜬 니트라고 해도 기계 니트와 제작되는 원리는 같기 때문에, 완성 후에는 꼭 세탁을 해주어야 합니다. 세탁을 하고 나면 코가 가지런히 정리되고 기모가 살아나 훨씬 예쁜 편물이 됩니다.

3. 세탁하면 안 되는 실은 없다

흔히 잘못 알고 있는 상식은 '물세탁이 불가능한 실이 있다'는 것입니다. 사실 모든 실은 물세탁이 가능합니다. 오히려 물세탁을 해야지만 진정한 완성이라고 할 수 있습니다.

다만 블로우얀(바늘이야기의 필 누아지, 필 에어페루처럼 폴리아미드 튜브 안에 섬유를 불어넣어 만드는 튜브사 형태의 실)은 물세탁을 할 경우 안에 들어 있는 풍성한 실들이 안에서 숨이 죽어 오히려 모양이 못생겨지기도 합니다. 이런 실들은 완성 후 드라이클리닝이나 스팀으로 모양을 잡아주는 것이 좋습니다.

이런 특수 가공법으로 만든 실을 제외하고는 실은 물이 닿아야 실이 통통하게 차오르고 기모감도 살아나서 더 예뻐집니다.

4. 울 샴푸와 섬유유연제

울 샴푸는 편물의 오염을 제거하는 용도이고 섬유유연제는 편물을 부드럽고 단정하게 만드는 용도로 사용합니다. 흔히 울 샴푸에 섬유유연제가 포함되어 있다고 생각하기도 하는데, 두 가지는 엄연히 다른 제품으로 서로 다른 용도로 사용합니다.

울 샴푸를 푼 물에 담갔던 편물은 흐르는 물에 세제를 헹궈내야 하지만 섬유유연제를 푼 물에 담갔던 편물은 물로 헹구지 않아도 됩니다.

옷이 오염되지 않았고 먼지도 많지 않아 완성 후 흔히 '세탁 매직'이라고 하는 편물을 예쁘게 만들기 위한 용도로 세탁하는 것이라면 섬유유연제만 사용해도 됩니다.

5. 세탁할 때 주의점

세탁할 때 가장 주의해야 할 것은 편물이 서로 마찰하지 않도록 하는 것입니다. 물에 담가 조물조물 빨래를 할 때 손으로 쥐었다 펴는 식으로 세탁을 하고, 절대 편물끼리는 비비지 않도록 해야 합니다.

또 세탁할 때는 편물이 물을 먹어 무척 무거워집니다. 그렇기 때문에 특정 부분이 잡아당겨지지 않게 뭉텅이로 옮겨야 합니다! 한쪽 부분만 잡아당겨 들거나 편물이 아래로 처져 늘어지거나 하지 않도록 물에 젖은 옷을 들 때는 한 뭉텅이로 뭉친 상태로 들어줍니다.

6. 세탁기를 사용하고 싶다면

뜨개옷을 세탁기에 돌리지 않는 이유는 그 안에서 편물이 서로 마찰하면서 손상되기 때문입니다. 세탁을 할 때 편물을 비벼 빨지 않는 것도 같은 이유입니다. 편물이 서로 마찰하면 섬유가 손상되고 편물이 펠팅되어 수축하거나 늘어나는 등의 문제가 생깁니다. 바꿔 말하면 세탁기 안에서의 마찰을 줄일 수 있다면 세탁기를 사용해도 됩니다. 다만 세탁기를 사용할 때는 편물이 서로 마찰하지 않도록 고정한 후 약한 탈수를 짧은 시간 동안 돌리는 정도만 사용하기를 권합니다.

콘티넨털 뜨기

✕

바늘을 잡는 법에는 크게 아메리칸 스타일과 콘티넨털 스타일 두 가지 방식이 있습니다. 최근에는 빠르게 편물을 떠나갈 수 있는 콘티넨털 방식을 사용하는 니터가 늘고 있습니다.

아메리칸 스타일은 양손에 바늘을 잡고 오른손에 실을 잡고 바늘에 걸어 편물을 떠나가는 방식을 말합니다. 실을 바늘에 걸 때 오른쪽 바늘에서 손을 떼고 실을 잡아 걸어야 하고 겉뜨기와 안뜨기를 반복할 때 매번 실을 앞뒤로 옮겨주어야 해서 오른쪽 팔의 움직임이 콘티넨털과 비교해 큰 편입니다.

콘티넨털 스타일은 프랑스식이라고도 말하며, 양손에 바늘을 잡고 왼손에 실을 건 채로 오른쪽 바늘로 실을 끌어와 편물을 떠나가는 방식을 말합니다. 바늘에서 손을 놓지 않고 검지만으로 실의 방향을 조절할 수 있기 때문에 아메리칸 스타일보다 속도가 빠르고 편리하다고 여겨집니다.

다만 콘티넨털 방식은 검지에 항상 실이 걸려 있기 때문에 장력이 느슨한 편이고 일정하게 장력을 유지하기 어렵다는 단점이 있습니다. 아메리칸 스타일로 뜬 편물이 콘티넨털 스타일로 뜬 편물에 비해 쫀쫀하고 균일한 코가 나옵니다.

아메리칸 스타일이나 콘티넨털 스타일이라고 해도 사람마다 실을 거는 방식이 다릅니다. 어느 방식이 좋다고 말하기는 어려우므로 자기 자신에게 편한 방법을 찾아서 뜨개를 하는 것이 좋습니다.

매직 루프와 DPN

의류를 뜨기 위해 반드시 필요한 원통뜨기! 원통뜨기는 앞과 뒤를 번갈아 가며 뜨지 않고 편물의 첫 코와 마지막 코를 하나의 원통으로 이어 뜨는 방식입니다. 이렇게 하면 매번 겉면을 보고 뜰 수 있기 때문에 장력 조절이 용이해 코가 가지런하게 나옵니다. 또 무늬나 배색이 들어간 작품의 경우, 뜨면서 무늬나 배색이 나오는 모습을 눈으로 확인할 수 있기 때문에 편리합니다.

원통뜨기를 하는 방법에는 짧은 줄바늘로 원통으로 이어 뜨는 방법, 긴 줄바늘로 매직 루프를 사용하는 방법, 장갑바늘(DPN)을 이용하는 방법이 있습니다. 짧은 줄바늘을 사용할 때는 코를 잡고 첫 코과 마지막 코를 이어서 원통으로 만들어 뜨면 되기 때문에 편리합니다. 원하는 사이즈의 줄과 바늘이 없는 경우에는 일반적으로 사용하는 80cm 줄바늘을 사용해 매직 루프로 원통뜨기를 하거나 장갑바늘을 사용해 원통뜨기를 할 수 있습니다.

1. 매직 루프

매직 루프는 80cm 줄바늘로 원통뜨기를 하는 방식입니다. 먼저 줄바늘에 코를 잡고 전체 코 중간쯤에서 케이블을 뽑아서 코가 빈 바늘로 이동할 수 있게 해줍니다. 이때 코가 꼬이지 않도록 주의합니다. 양쪽 바늘에 코가 고르게 분배되었으면 뜨는 실이 걸린 바늘을 아래쪽으로 오게 잡은 다음 아래 바늘을 뽑아 위 바늘의 코를 뜨기 시작합니다. 이렇게 하면 아래 바늘에 있던 코와 위 바늘에 있던 코가 이어집니다. 위 바늘에 있는 코를 다 떴다면 다시 케이블에 걸린 코를 바늘로 옮기고 다시 아래 바늘로 위 바늘에 걸린 코를 뜨기 시작합니다.

2. 장갑바늘DPN

장갑바늘은 '더블 포인티드 니들(double pointed needle)'이라고 하며, 양쪽이 모두 뾰족한 바늘을 말합니다. 이름에서 알 수 있듯 장갑이나 양말 등 작은 원통을 뜰 때 편리하게 사용할 수 있는 바늘입니다. 장갑바늘은 4개 혹은 5개 세트로 사용하는데 각 바늘에 코를 균일하게 잡아준 다음 쭉 이어서 뜨면 됩니다. 장갑바늘을 이용하면 코가 아주 적어져도 편하게 원통뜨기를 할 수 있습니다.

게이지 내기

✕

게이지는 뜨개를 시작하기에 앞서 꼭 알아야 하는 '사이즈 가이드'입니다. 뜨개는 '같은 바늘, 같은 실'을 사용해 '같은 콧수, 같은 단수'를 뜬다고 해도 뜨는 사람에 따라 크기가 달라집니다. 사람마다 실과 바늘을 잡는 힘이 다르고 뜨는 힘도 다릅니다. 모든 도안에는 도안을 작성한 작가의 게이지가 적혀 있습니다. 작품에서 사용한 실과 바늘을 사용한다고 해도 도안의 게이지와는 차이가 날 수 있습니다. 보통 10×10cm 크기로 게이지를 측정하는데, 이 크기에서는 차이가 크지 않더라도 옷 정도의 크기가 되면 사이즈가 크게 달라지는 경우가 생깁니다. 그렇기 때문에 작품을 뜨기 전에는 게이지를 확인하는 편이 확실합니다.

게이지를 내는 법은 간단합니다. 도안의 게이지를 확인하고 사용할 실과 바늘로 작은 편물 조각을 떠 도안의 게이지와 비교합니다. 10×10cm 안에 들어갈 코와 단을 세어야 하므로 게이지는 이것보다 조금 크게 뜨는 것이 좋습니다. 도안의 게이지보다 자신의 게이지가 작다면 내 손땀이 느슨한 것이므로 바늘 크기를 줄이고, 도안의 게이지보다 자신의 게이지가 크다면 내 손땀이 촘촘한 것이므로 바늘 사이즈를 키웁니다. 이런 식으로 게이지를 조정해서 도안 게이지와 맞춘 후에 작품을 떠주세요.

도안 읽기

1. 서술형 도안 읽는 법

서술형 도안은 순서대로 설명을 따라가며 읽어주면 됩니다. 예를 들어 [겉뜨기 10, 마커 넘기기, M1R, 마커까지 겉뜨기]라고 되어 있으면 문장 그대로 겉뜨기 10코를 뜨고, 마커를 만나면 마커를 넘기고, M1R를 하고, 마커까지 겉뜨기하는 식입니다.

얼핏 보기에 글이 길고 많아서 처음에 겁을 먹는 분들도 있을 겁니다. 너무 어렵게 생각하지 말고 글자 그대로 차근차근 읽다 보면 금방 완성할 수 있습니다.

2. 기호형 도안 읽는 법

기호형 도안은 '겉면'을 기준으로 고안되어 있습니다. 뜨개질 편물은 겉면과 안면으로 나뉘는데, 말 그대로 작품의 바깥에 드러난 부분이 겉면이며 안쪽 부분이 안면입니다. 기호 도안에는 작품의 겉면에 나타나는 무늬를 표시하기 때문에, 편물의 앞뒤를 뒤집으며 뜨는 평면뜨기를 할 경우 겉면에서는 도안상 무늬가 나오도록 기호대로 뜨고, 안면에서는 기호를 반대로 보면서 떠야 합니다.

기호 도안 보는 방법을 배우기 전에, 우선 겉뜨기와 안뜨기의 특성을 파악하는 것이 좋습니다. 예컨대, 현재 편물을 바라본 상태에서 겉뜨기를 하면, 눈앞에 보이는 면에는 V자 모양이 생기고 반대편에는 안뜨기 모양인 ―자 모양이 만들어집니다. 반대로, 현재 편물을 바라본 상태에서 안뜨기를 하면, 눈앞에 보이는 면에는 ―자 모양이 생기고 반대편에는 겉뜨기 모양인 V자 모양이 만들어집니다.

즉, 겉뜨기와 안뜨기는 서로 반대의 관계입니다. 니터의 시선을 기준으로, 편물의 반대편에 V자가 나오게 하려면 안뜨기를 하고, 편물의 반대편에서 ㅡ자가 나오게 하려면 겉뜨기를 하는 식입니다.

만일 기호 도안에서 겉면의 반대편(안면)을 바라보고 뜨는 차례라면, 겉면 기준으로 도안처럼 무늬가 나와야 하기 때문에 도안상 기호의 반대로 떠줘야 합니다. 한마디로, 안면에서 'ㅡ'는 안뜨기 기호지만 겉뜨기로, '☐'는 겉뜨기 기호지만 안뜨기로 떠줘야 반대편에 맞는 무늬가 나오게 되는 것입니다.

기호 도안을 볼 때는 한 줄 한 줄 읽어 내려가기보다는 전체를 보면서 뜨는 게 좋습니다. 일반적으로 겉면에서 하나의 무늬가 만들어지면 안면에서는 그 무늬에 맞춰 뜨는 경우가 많습니다. "무늬에 맞춰 뜬다"라는 말은 곧, 현재 바라보는 면에서 내가 떠줄 코가 코 아래에 가로줄이 걸린 안뜨기 무늬이면 안뜨기하고, V자 모양인 겉뜨기 무늬이면 겉뜨기해서 무늬를 똑같이 맞춰주라는 의미로 이해하면 됩니다.

My favorite knitwear

Part 03

이 책에서 사용된 뜨개 기법들

코잡기(cast on)

가장 많이 쓰이는 일반 코잡기입니다. 코잡기에는 다양한 방식이 있지만 도안에서 지시가 따로 없다면 원하는 방식으로 코를 잡습니다. 가장 쉽게 코를 잡을 수 있는 방법을 소개합니다.

1 실의 짧은 쪽을 위로 가게 한 상태로 바닥에 펼쳐놓습니다.
2 오른손으로 실 두 가닥을 쥐고 왼손 엄지와 검지를 실 두 가닥 사이에 그림과 같이 넣고 벌려줍니다.
4 손바닥을 하늘을 향하게 뒤집고 나머지 세 손가락으로 실 두 가닥을 감싸줍니다.
5 오른손에 바늘을 들고 엄지 아래로 들어갑니다.
6 바늘을 검지 위쪽으로 끌고 갑니다.

1
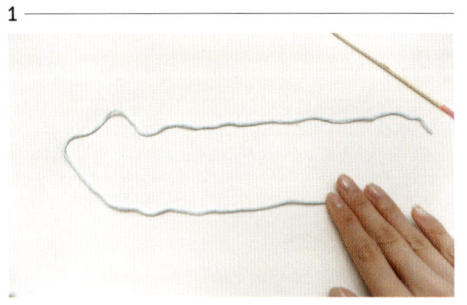

2
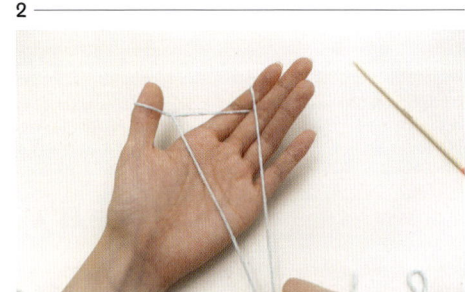

3
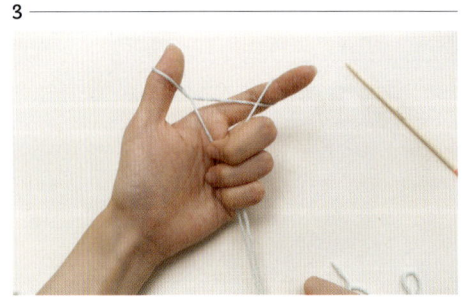

4
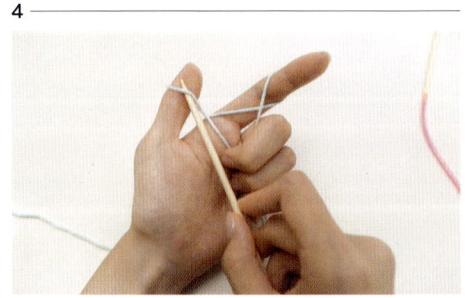

5
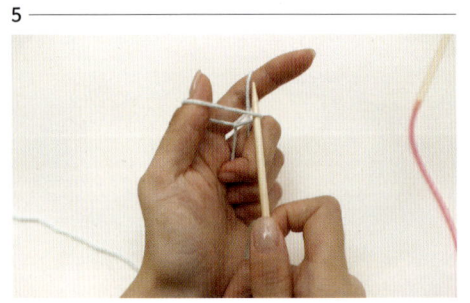

6
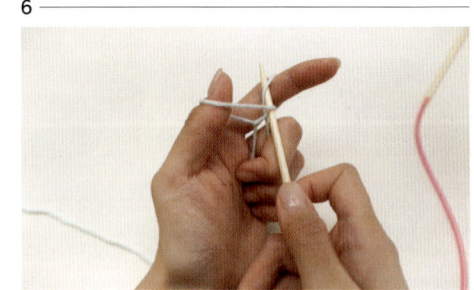

7 검지에 걸린 실을 위에서 아래로 찔러줍니다.

8 엄지 앞에 있는 공간으로 바늘을 끌고 나옵니다.

9 엄지와 검지에서 실을 빼줍니다.

10 실 두 가닥을 엄지와 검지로 벌려 매듭을 죄어줍니다.

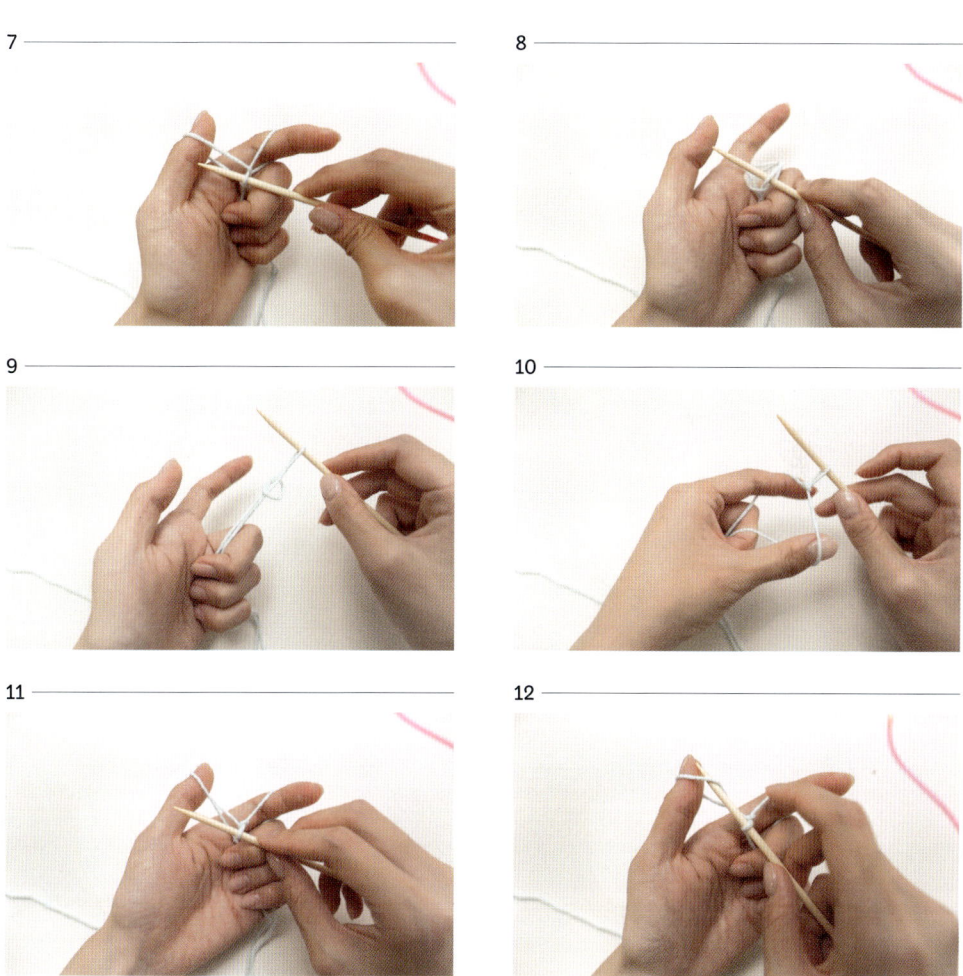

겉뜨기(knit)

1 왼쪽 바늘에 걸린 코를 오른쪽 바늘을 이용해 찔러줍니다.
2 실뭉치와 연결된 실을 바늘 사이로 뒤에서 앞으로 가져옵니다.
3 실이 걸린 상태에서 오른쪽 바늘을 코 바깥으로 끌고 나옵니다.
4 왼쪽 바늘에서 코를 그대로 빼주면 겉뜨기 완성입니다.

1

2

3

4

5

6

안뜨기(purl)

1 실을 안쪽으로 가져온 상태에서 시작합니다(첫 코일 때에도 실이 편물 앞쪽에 있는 상태).
2 오른쪽 바늘을 사진과 같은 방향으로 찔러줍니다.
3 실을 사진처럼 오른쪽 바늘에 감싸줍니다.
4 실이 걸린 상태에서 오른쪽 바늘을 코 바깥으로 끌고 나옵니다.
5 왼쪽 바늘에서 코를 그대로 빼주면 안뜨기 완성입니다.

1

2

3

5

6

덮어씌워 코막음(bind off)

뜨개가 끝나고 코막음을 하는 일반적인 방식입니다. 가장 손쉽게 코막음을 할 수 있으며 뜨개 끝이 깔끔하게 마무리되지만 신축성이 필요한 편물에는 적합하지 않습니다.

1 코막음을 할 때는 항상 오른쪽 바늘에 2코를 떠줍니다.
2 뒤에 있는 코를 앞에 있는 코 위로 덮어 씌워줍니다.
3 오른쪽 바늘에 1코가 남았다면 1코를 더 떠서 2코를 만들어줍니다.
4 2~3을 반복합니다.

1
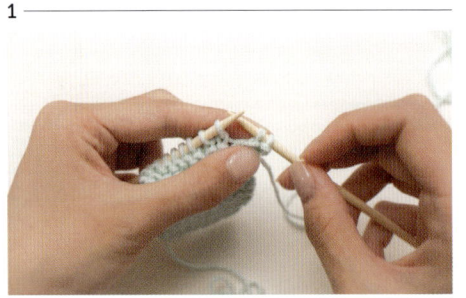

2

3

4

k2tog(코줄임)

k2tog는 knit 2 together의 줄임말로 2코를 한꺼번에 뜨는 기법을 말합니다. 이렇게 하면 코가 1코 줄어듭니다. k2tog는 코가 줄어들면서 오른쪽으로 코가 기울기 때문에 '오른코 겹치기'라고도 합니다.

1 2코를 한 번에 겉뜨기 방향으로 찔러줍니다.
2 겉뜨기합니다.

* p2tog는 같은 방식으로 안뜨기로 코를 줄입니다.

1

2

3
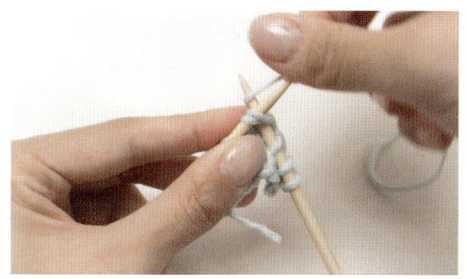

4

5

ssk(코줄임)

ssk는 'slip slip knit'의 줄임말로 두 코를 한꺼번에 뜨는 기법을 말합니다. 이렇게 하면 코가 1코 줄어듭니다. ssk는 코가 줄어들면서 왼쪽으로 코가 기울기 때문에 '왼코 겹치기'라고도 합니다.

1 왼쪽 바늘에 걸려 있는 코를 겉뜨기 방향으로 오른쪽 바늘에 옮겨줍니다.
2 그대로 다시 왼쪽 바늘로 코를 옮겨줍니다.
　　Point ─ 코의 방향을 뒤집는 작업입니다.
3 오른쪽 바늘로 2코를 한 번에 뒤로 찔러서 겉뜨기합니다.
* ssp는 같은 방식으로 안뜨기로 코를 줄입니다.

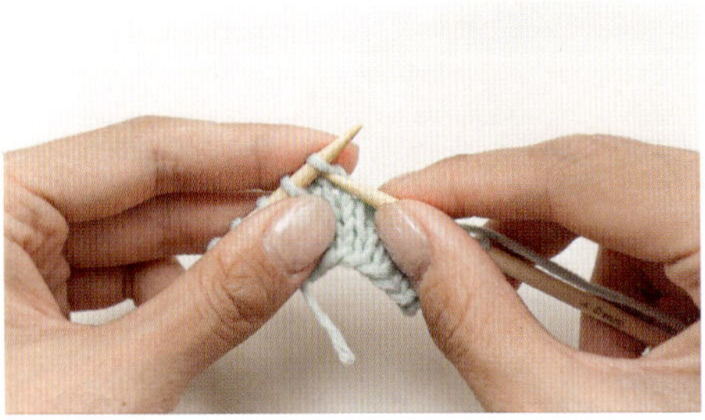

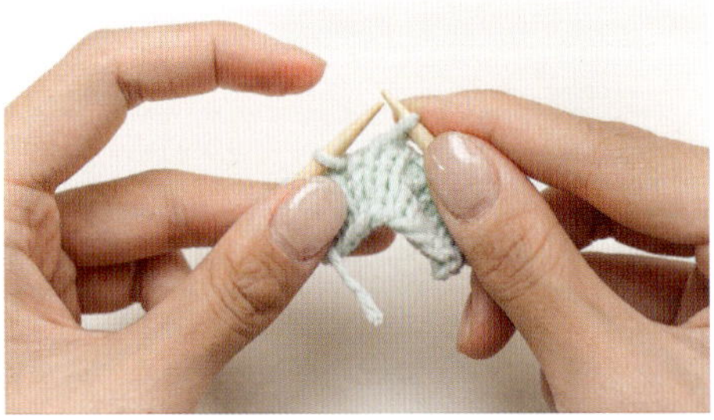

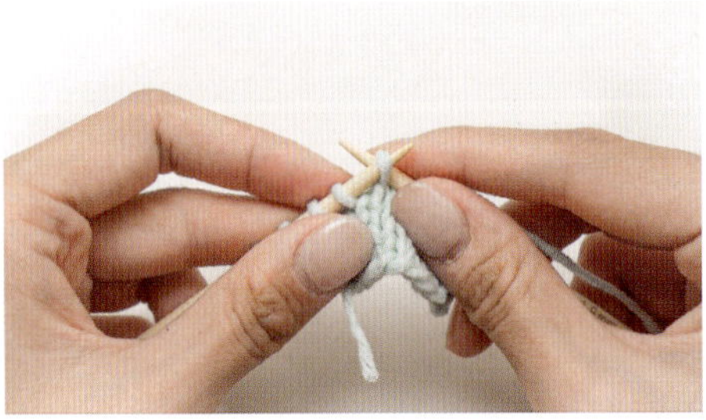

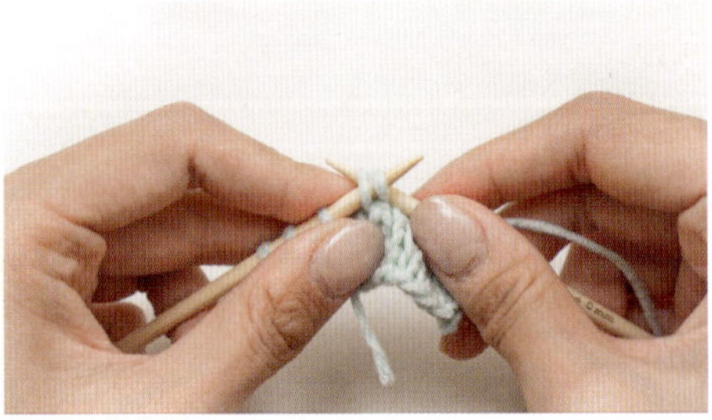

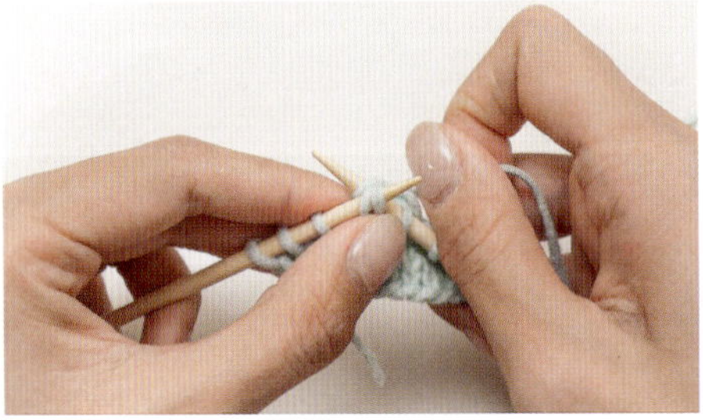

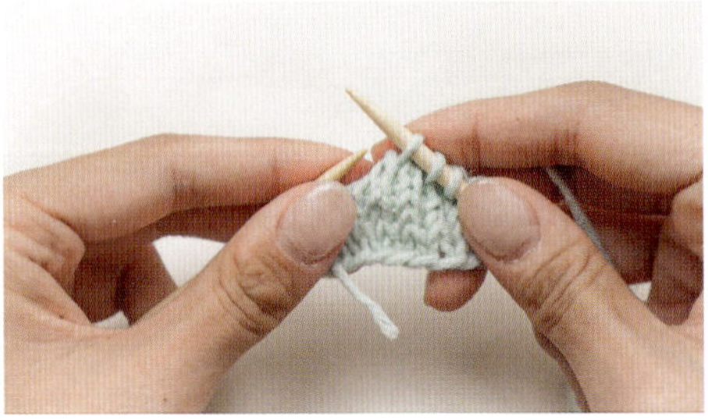

kfb(겉뜨기 코늘림)

kfb는 'knit front back'의 줄임말로 1코를 2번 떠서 코를 늘리는 방법을 말합니다. 겉뜨기를 한 상태로 왼쪽 바늘에서 코를 빼지 않고 뒤쪽으로 한 번 더 겉뜨기를 합니다.

1 겉뜨기하듯이 떠주고 왼쪽 바늘에서 코를 빼지 않은 상태로 둡니다.
2 오른쪽 바늘을 살짝 들어 올려 왼쪽 바늘에 아직 걸려 있는 코의 뒤쪽으로 찔러줍니다.
3 겉뜨기하듯이 떠줍니다. 코가 2개로 늘어났습니다.

1

2

3

4

5

6

pfb(안뜨기 코늘림)

kfb를 안뜨기로 진행할 때 사용하는 기법으로, 코가 1코 늘어납니다. 안뜨기를 한 상태로 왼쪽 바늘에서 코를 빼지 않고 뒤쪽으로 한 번 더 안뜨기를 합니다.

1 안뜨기하듯이 떠주고, 왼쪽 바늘에서 코를 빼지 않은 상태로 둡니다.
2 바늘을 살짝 벌려 왼쪽 바늘 뒤에 걸린 실을 확인합니다.
3 왼쪽 바늘 뒤에 걸린 실을 뒤에서 앞으로 찔러 안뜨기합니다.

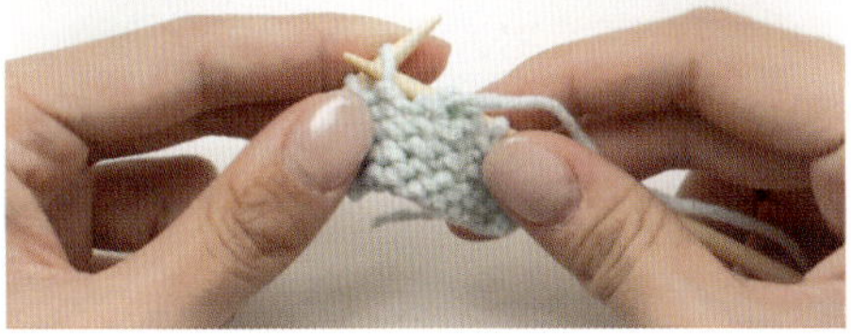

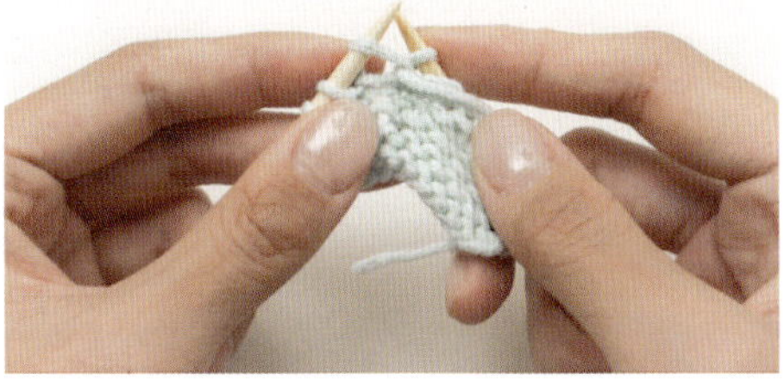

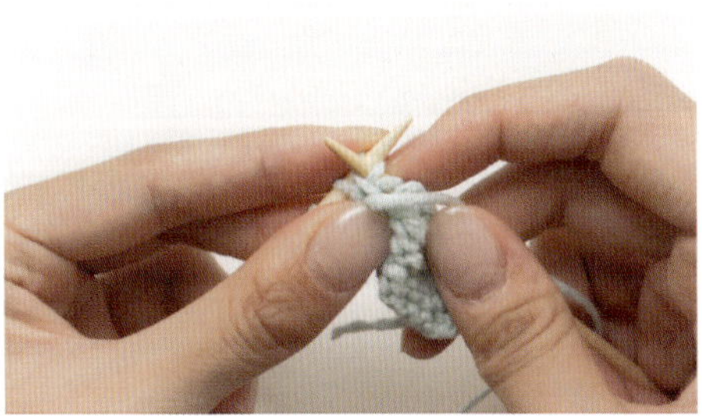

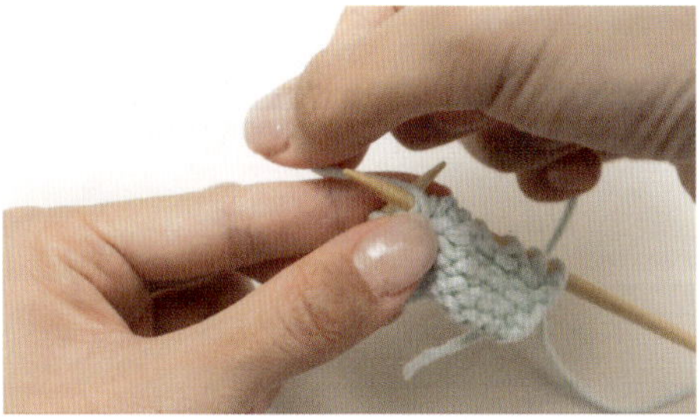

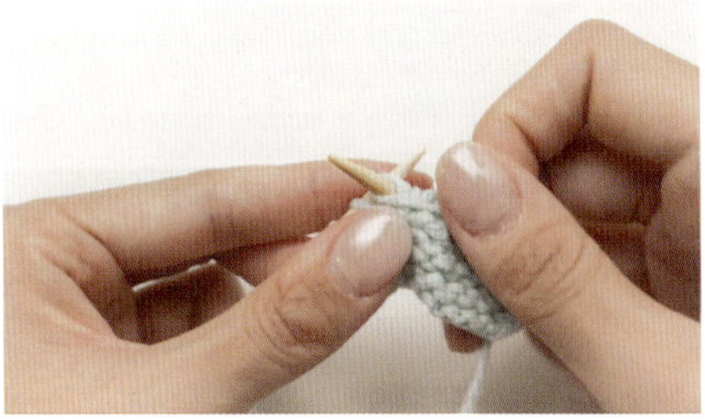

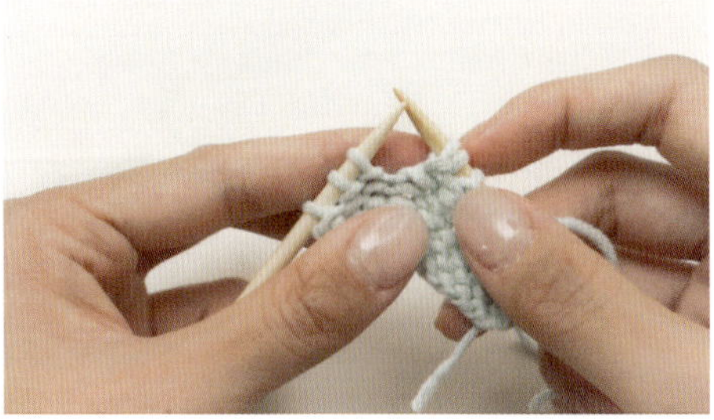

M1L

M1L은 'make 1 left'의 줄임말로 왼쪽으로 코를 늘립니다.

1 코와 코 사이에 있는 가로줄을 확인합니다.
2 왼쪽 바늘을 이용해 코와 코 사이의 가로줄을 앞에서 뒤로 들어올립니다.
3 오른쪽 바늘을 이용해 왼쪽 바늘에 걸린 실 뒤쪽으로 찔러줍니다.
4 겉뜨기하듯이 떠줍니다.

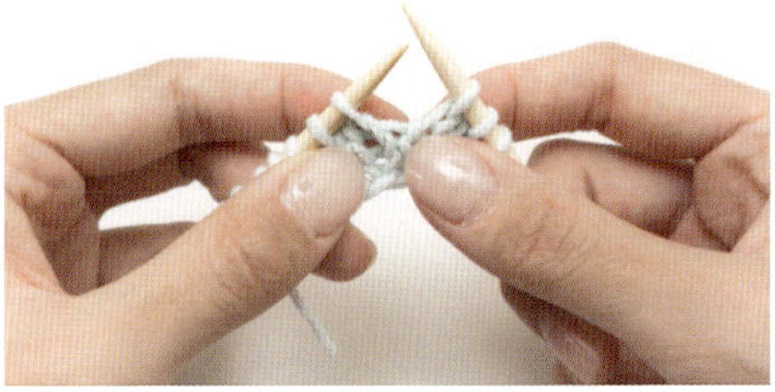

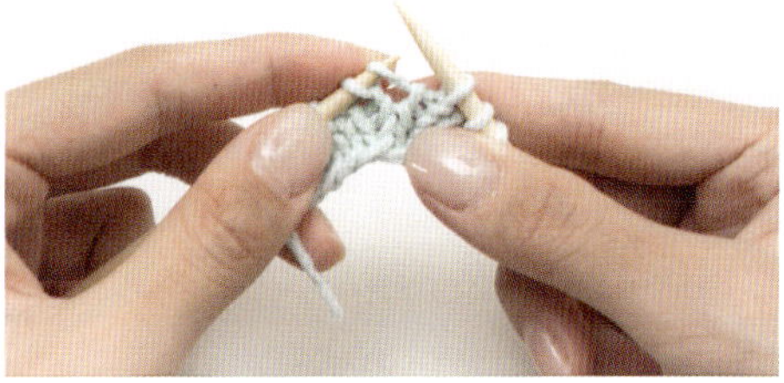

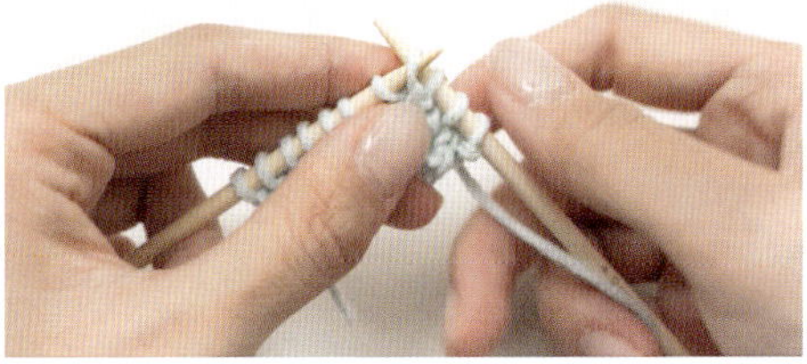

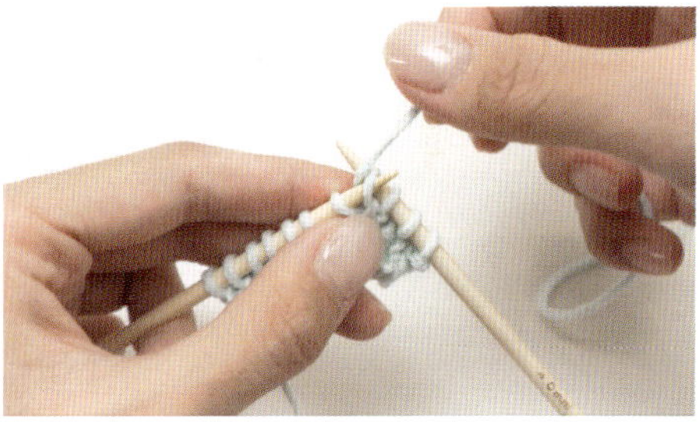

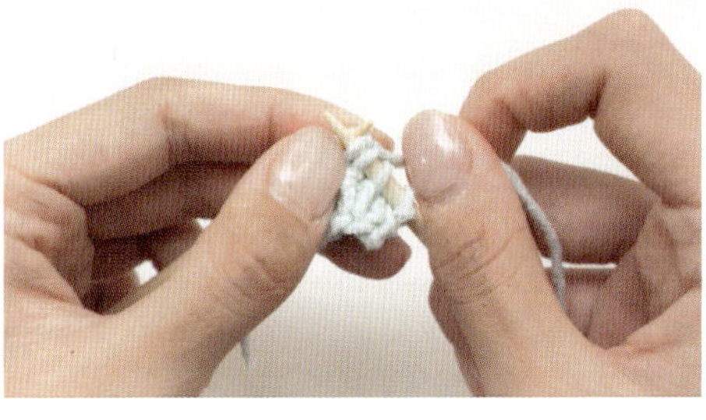

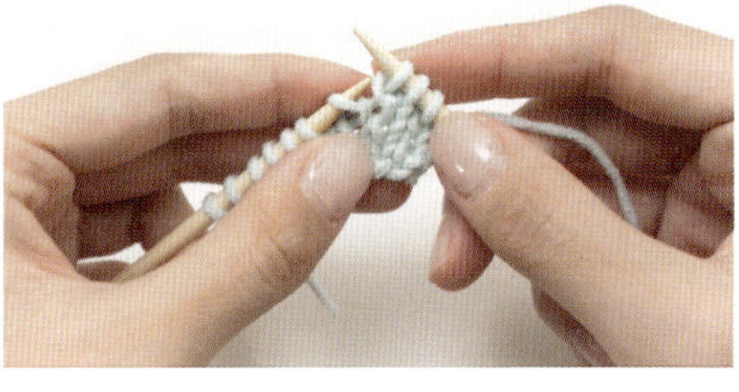

M1R

M1R은 'make 1 right'의 줄임말로 오른쪽으로 코를 늘립니다.

1 코와 코 사이에 있는 가로줄을 확인합니다.

2 왼쪽 바늘을 이용해 코와 코 사이의 가로줄을 뒤에서 앞으로 들어올립니다.

3 오른쪽 바늘을 이용해 왼쪽 바늘에 걸린 실 앞부분으로 찔러줍니다.

4 겉뜨기하듯이 떠줍니다.

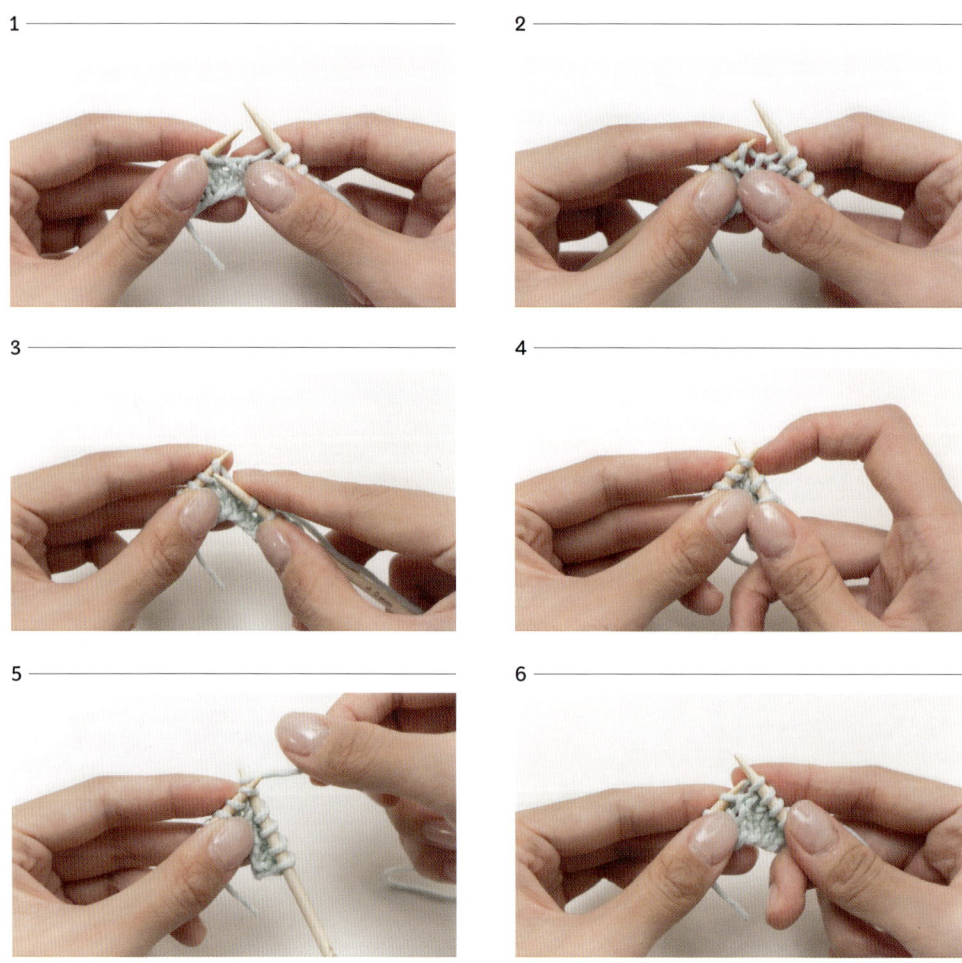

M1L(안)

1 왼쪽 바늘을 이용해 코와 코 사이에 있는 가로줄을 뒤에서 앞으로 찔러줍니다.
2 왼쪽 바늘 앞쪽에 걸린 실을 오른쪽 바늘로 찔러줍니다.
3 안뜨기로 떠줍니다.

> *Point* — M1L(안), M1R(안)은 작가마다 설명하는 방식에 차이가 있습니다. 마커 기준의 설명인 경우 책 속 내용과 표기가 같고, 겉면 기준의 설명인 경우 표기가 이와 반대입니다. 둘 다 맞는 방식이며, 다른 도안에서 약어 설명을 보고 지시하는 대로 뜨면 됩니다.

1

2
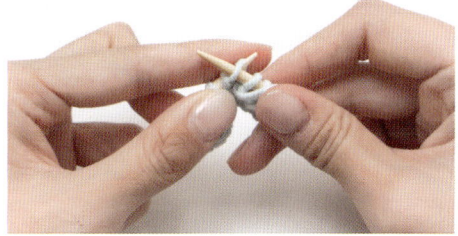

3

4

5

M1R(안)

1 왼쪽 바늘을 이용해 코와 코 사이에 있는 가로줄을 앞에서 뒤로 찔러줍니다.
2 왼쪽 바늘 뒤쪽에 걸린 실을 오른쪽 바늘로 찔러줍니다.
3 안뜨기로 떠줍니다.

Point — M1L(안), M1R(안)은 작가마다 설명하는 방식에 차이가 있습니다. 마커 기준의 설명인 경우 책 속 내용과 표기가 같고, 겉면 기준의 설명인 경우 표기가 이와 반대입니다. 둘 다 맞는 방식이며, 다른 도안에서 약어 설명을 보고 지시하는 대로 뜨면 됩니다.

1

2

3

4

5

코에서 코줍기

1 코가 들어갈 자리를 확인합니다. V자 모양에서 줍거나 ∧자 모양에서 줍습니다.
2 단의 가장 끝부분 V자 혹은 V자 자리에 바늘을 찔러줍니다.
3 실을 걸어줍니다.
4 편물 밖으로 실을 끌고 나옵니다. 1코가 주워졌습니다.
5 다음 코도 모양을 보고 V자 모양으로 주웠으면 V자, ∧자 모양으로 주웠으면 V자에 바늘을 찔러줍니다.
6 겉뜨기를 하듯이 실을 감아 끌고 나옵니다.
7 반복해서 원하는 콧수만큼 코를 줍습니다. 코에서 코를 줍고 떠준 모습입니다.

단에서 코줍기

1 단에서 코를 주울 때는 V자 모양 사이에 찔러 줍습니다. 단의 가장자리보다는 반 코 안쪽으로 줍는 것이 안정적입니다.
2 V자 모양 1개마다 1코씩 줍고, 도안에서 지시한 대로 건너뜁니다. 도안과 게이지 비율 차이에 따라 몇 코 줍고 1코를 건너뛰는지는 다릅니다.
3 단에서 코를 줍고 떠준 모습입니다.

1

2

3

4

5

6

바늘비우기 yarn over

1 오른쪽 바늘에 실을 한 번 걸쳐주는 동작을 바늘비우기라고 합니다.
2 실을 뒤에서 앞으로 감아 오른쪽 바늘에 걸쳐줍니다.

Point — 다음 코를 겉뜨기로 뜨는 동작은 바늘비우기 동작에 포함되지 않습니다. 바늘비우기는 바늘 위에 실을 걸쳐주는 동작만을 뜻합니다.

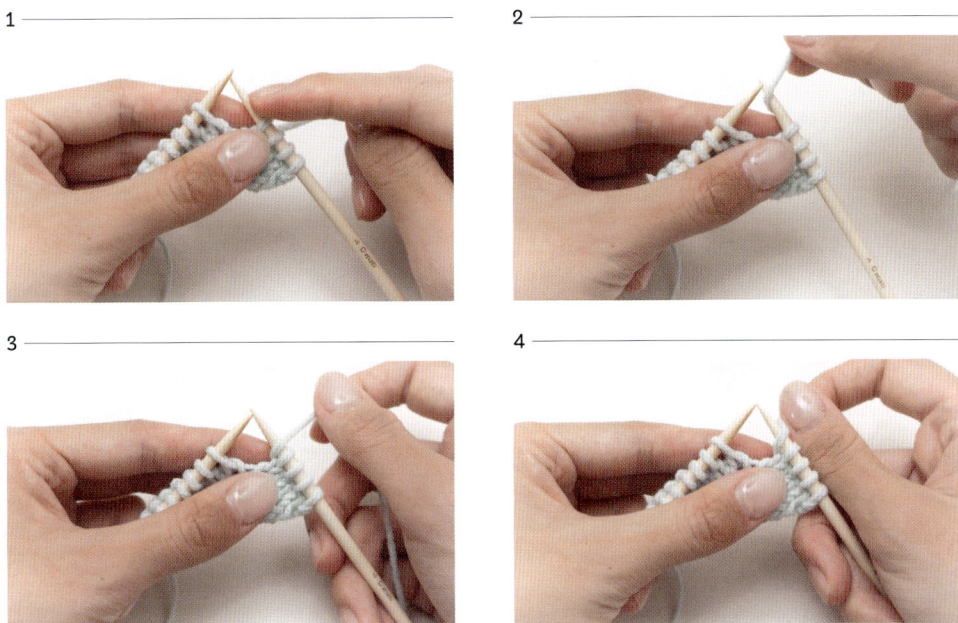

1코 고무단 돗바늘 마무리 tubular bind off

1 실을 길게 잘라 남기고 돗바늘에 실을 연결해줍니다. 고무단 시작 2코에 안뜨기 방향으로 찔러서 돗바늘을 빼줍니다.
2 첫 번째 코에 겉뜨기 방향으로 찔러서 코를 빼줍니다.
3 두 번째 코 모양을 봤을 때 겉뜨기 모양이면 돗바늘을 안뜨기 방향으로 찔러서 나옵니다.
4 두 번째 코 모양이 안뜨기 모양이면 코와 코 사이로 한 번 나옵니다.
5 두 번째 코 모양이 안뜨기코일 때는 겉뜨기 방향으로 찔러서 뒤로 나옵니다.
6 첫 번째 코도 마찬가지로 겉뜨기 방향으로 찔러서 코를 빼줍니다. 다음부터는 두 번째 코 모양을 보고 3~5를 반복해줍니다.

1

2

3

4

5

6
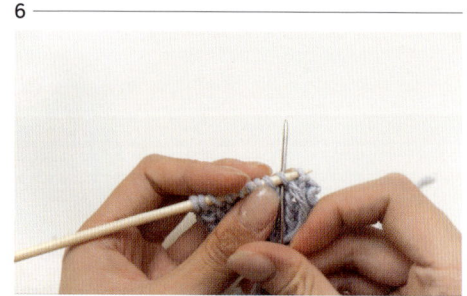

저먼 쇼트 로우 german short-row

의류를 뜰 때 단 차이를 주어 곡선을 만드는 방식을 되돌아뜨기, 경사뜨기라고 합니다. 되돌아뜨기는 평면뜨기 편물에도 뜰 수 있고 원통뜨기에도 사용할 수 있습니다. 되돌아뜨기에는 다양한 방식이 있지만 이 책에서는 주로 저먼 쇼트 로우 방식으로 되돌아뜨기를 진행했습니다. 저먼 쇼트 로우는 독일식 경사뜨기로 의류에서 흔하게 많이 쓰는 방식입니다.

1 도안에서 제시하는 수만큼 코를 남기고 편물을 뒤집습니다. 도안에서는 턴이라고 표시합니다.
2 실을 안쪽으로 가지고 옵니다.
3 왼쪽 바늘의 첫 코를 오른쪽 바늘로 안뜨기 방향으로 옮겨줍니다.
4 실을 위로 쭉 당겨주면 코 모양이 2줄이 됩니다.
5 이 상태에서 계속해서 이어 떠줍니다.
6 1~5를 반복합니다.
7 되돌아뜨기가 끝나면 패턴에 맞춰 뜨면서 정리를 해줍니다. 턴할 때 생긴 2가닥의 코는 1코로 치고 떠줍니다.

주디스 매직 캐스트온 Judy's magic cast on

주디스 매직 캐스트온은 더블니팅처럼 양면 조직이나 양말의 끝처럼 코 잡는 부분이 티나지 않게 양쪽으로 떠나갈 수 있도록 하는 코잡기 방법입니다. 코를 잡을 때는 실 여유분을 넉넉히 잡아서 코를 잡아주세요.

1 매듭을 하나 만들어줍니다.
2 바늘 2개를 평행하게 잡고 만들어진 매듭을 위쪽 바늘에 걸어주세요.
3 꼬리실은 위쪽으로, 실뭉치와 연결된 실은 아래쪽으로 놓아주세요.
4 실을 감싸쥐고 실 사이에 검지손가락과 엄지손가락을 넣어 사이를 벌려줍니다.
5 바늘을 위로 쭉 당겨서 검지손가락에 걸린 실이 아래 바늘을 아래쪽에서 감싸고 바늘 사이로 들어가게 합니다. 아래쪽 바늘에 코가 만들어졌습니다.
6 바늘을 아래로 쭉 당겨서 엄지손가락에 걸린 실이 위쪽 바늘을 위에서 감싸고 바늘 사이로 들어가게 합니다. 위쪽 바늘에 코가 만들어졌습니다.
7 반복해서 위, 아래 바늘에 같은 콧수를 잡아줍니다.
8 코를 다 잡은 후에는 코가 풀리지 않도록 꼬리실을 실뭉치와 연결된 실에 한 번 감아주세요.
9 아래쪽 바늘을 쭉 뽑아서 위쪽 바늘에 걸린 코부터 떠줍니다.
10 위쪽 바늘에 걸린 코를 다 뜨면 코가 걸린 바늘이 아래에 오도록 잡고 빈 바늘을 당겨 케이블에 걸린 코를 바늘로 옮깁니다.
11 아래쪽 바늘을 당겨 코들을 케이블로 옮기고 위쪽 바늘의 코를 뜹니다.
    Point — 첫 번째 단에서는 코가 반대 방향으로 걸려 있으므로 코 뒤쪽으로 바늘을 찔러넣어 떠줍니다.
12 10~11을 반복해서 원하는 만큼 뜹니다.

그 외 기법들

원통뜨기 시작하기  원통뜨기 마무리하기

매직 루프  소매 분리

콘티넨털 뜨기  코 빠졌을 때 대처법

김대리의 취향 니트

초판 1쇄 발행 2024년 11월 11일
초판 4쇄 발행 2025년 12월 1일

지은이 바늘이야기 김대리

발행인 윤승현 **단행본사업본부장** 신동해 **편집장** 김경림
책임편집 박주연 **외주편집** 정인경(인스튜디오) **디자인** 책장점
촬영 TH 스튜디오 **마케팅** 최혜진 이은미 **홍보** 반여진

브랜드 웅진리빙하우스
주소 경기도 파주시 회동길 20 ㈜웅진씽크빅
문의전화 031-956-7213(편집) 02-3670-1123(마케팅)
홈페이지 www.wjbooks.co.kr
인스타그램 www.instagram.com/woongjin_readers
페이스북 https://www.facebook.com/woongjinreaders
블로그 blog.naver.com/wj_booking

발행처 ㈜웅진씽크빅
출판신고 1980년 3월 29일 제406-2007-000046호

ⓒ 바늘이야기 김대리, 2024
ISBN 978-89-01-28963-2(13590)

웅진리빙하우스는 ㈜웅진씽크빅 단행본사업본부의 브랜드입니다.
저작권법에 의해 한국 내에서 보호를 받는 저작물이므로 무단전재와 무단복제를 금합니다.
이 책 내용의 전부 또는 일부를 이용하려면 반드시 저작권자와 ㈜웅진씽크빅의 서면 동의를 받아야 합니다.

* 책값은 뒤표지에 있습니다.
* 잘못된 책은 구입하신 곳에서 바꿔드립니다.